Siembre un Geranio en su Cráneo

BARBARA JOHNSON

BETANIA
Un Sello de Editorial Caribe

Betania es un sello de Editorial Caribe, Inc.

© 2002 Editorial Caribe, Inc.
Una división de Thomas Nelson, Inc.
Nashville, TN—Miami, FL, EE.UU.
www.caribebetania.com

Título en inglés: *Plant a Geranium in Your Cranium*
© 2002 por Barbara Johnson

Publicado por W Publishing Group
Una división de Thomas Nelson, Inc.
Nashville, TN—Miami, FL, EE.UU.

A menos que se señale lo contrario, todas las citas bíblicas
son tomadas de la Versión Reina-Valera 1960
© 1960 Sociedades Bíblicas Unidas en América Latina.
Usadas con permiso.

Traductor: Ricardo Acosta

ISBN: 0-88113-740-5

Reservados todos los derechos.
Prohibida la reproducción total
o parcial en cualquier forma,
escrita o electrónica, sin la debida
autorización de los editores.

Impreso en EE.UU.
Printed in U.S.A.

Contenido

Previsión inesperada...

1. No sé cuál es el problema... pero seguramente es difícil de pronunciar ¿Adónde vamos, y por qué estoy en esta canasta?   1
   Esto ha estado estupendo, pero ahora tengo que gritar

2. Cómo tener un tumor... con humor   15
   Esto ha estado estupendo, pero ahora tengo que gritar

3. Esto sería divertido si no me sucediera a mí   41
   Si todo no está perdido... ¿dónde ESTÁ?

4. Me reiré de esto si no me mata   67
   Advertencia: Tengo disposición, y sé cómo usarla

5. Déme ambigüedad... o algo más   87
   ¿Qué quiere decir con que eso no se trata de mí?

6. Sencillamente piense: Si no fuera por el matrimonio, los hombres irían por la vida creyendo que no tienen faltas en lo absoluto   115
   Si quiere desayuno en la cama, duerma en la cocina

7. Al final todo está bien. Si no está bien, ¡no es el final!   139
   Aunque se caiga tendido sobre el rostro, aún se está moviendo hacia adelante

Reconocimientos   161

Notas   163

Previsión inesperada...

Andaba de compras en el centro comercial cerca de mi casa, a principios de febrero del 2001, cuando me encontré con una amiga que no había visto hacía mucho tiempo.

—Cielos, Barb, luces muy bien. Has perdido peso, ¿no es así? —dijo efusivamente.

—No, solo me corté el cabello —respondí un poco avergonzada porque no había perdido una sola libra.

—Muy bien, entonces te deberías afeitar toda la cabeza, porque en realidad luces fantástica —replicó.

Lo que menos me imaginaba...

No sé cuál es el problema...
pero seguramente es difícil de pronunciar

¿Adónde vamos, y por qué estoy en esta canasta?

Qué lujo fue estar algunos días en casa a mediados de marzo del 2001, sin viajes, sin compromisos para hablar en público, y sin recibir invitados de fuera de la ciudad. Un par de semanas antes, Mujeres de Fe había comenzado su gira 2001 en Charleston, Virginia, y Bill y yo habíamos disfrutado un nuevo viaje con nuestras compañeras de los últimos cinco años. Sin embargo, ahora era bueno estar en casa otra vez por algunos días para nivelarnos en el trabajo antes de que la gira se acelerara. En los ocho meses siguientes Mujeres de Fe estaría celebrando congresos en veinticinco ciudades de costa a costa, incluyendo un período de siete fines de semana consecutivos sin descanso. Este iba a ser un año emocionante y *agotador*.

Para celebrar mi «tiempo de inactividad» trabajaba en casa, ocupándome de algunas pequeñas tareas que no había tenido tiempo de realizar por varios meses. Por ejemplo, no había notado que mi secadora de ropa no secaba tan rápido como antes. Alguien me dijo que la secadora trabajaría con mayor eficacia si se limpiaban las pelusas que se acumulaban no solo en la bandeja sino también debajo de ella, en todas las esquinas del caparazón exterior. Por tanto, mientras Bill estaba afuera haciendo mandados, me armé de un cepillo viejo y me tendí en el suelo frente a la secadora para sacar todas las pelusas que se habían acumulado.

Me encontraba feliz removiendo grandes cantidades de hilachas, cuando me invadió la más extraña de las sensaciones. De repente los brazos y las piernas se me volvieron tan endebles como fideos húmedos. No había dolor, hormigueo ni mareo. Solo una abrumadora sensación de debilidad. Me sentía bien, pero no me podía poner en pie. Me tendí en el suelo... y permanecí allí. De pronto lamenté todas las ocasiones en que me había burlado de la anciana del comercial de televisión para aparatos que monitoreaban la salud... aquella pobre viejecita que pulsaba el botón del receptor que tenía colgado en el cuello y gritaba:

«¡Auxilio! ¡Me caí y no me puedo levantar!»

Sin tiempo para problemas
No había dolor, náuseas o incomodidad. Simplemente no podía sacar fuerzas para levantarme del suelo. Era la sensación más extraña que había tenido.

Finalmente Bill llegó a casa. En realidad me fastidió que, viéndome tendida sobre el suelo de la lavandería, no comprendiera de inmediato que algo andaba mal.

«Pensé que simplemente tomaste tu cepillo de dientes y decidiste limpiar también *debajo* de la secadora, dijo más tarde.

Bill me ayudó a levantar, me colocó en una silla y analizamos si debíamos llamar a mi médico. Pero me parecía ridículo llamar y decir:

«Me siento bien, excepto que de repente los brazos y las piernas se me volvieron como gomas elásticas estiradas».

Pensé que mi médico, que me había conocido durante años y había leído todos mis libros, me podría tomar el pelo.

«Bueno, Barb, me lo imaginé diciendo, ¿qué necesitas... elástico nuevo?»

En la tarde llamaron algunos amigos para saludarme. Cuando les conté la cosa desconcertante y extraña que me había sucedido, no pensaron que era algo divertido. Todos se preocuparon, amenazaron con llamar por larga distancia al 911 y enviar deprisa a los paramédicos para rescatarme. Temían que me hubiera dado un derrame cerebral. Pero yo podía hablar, pensar y trabajar como siempre. Solo había sido incapaz de levantarme del suelo.

«Estoy bien, les dije a todos.

Sin embargo, era obvio que no habría paz hasta que me hubiera hecho examinar. Es más, comencé a temer que, si no se calmaban, algunos de mis rezongones amigos podrían sufrir un derrame cerebral de tanto preocuparse por mí.

De modo que a la mañana siguiente, sintiendo que seguramente estaba perdiendo el tiempo, me fui manejando hasta el consultorio del médico. Lo siguiente que supe es que me ingresaron en un hospital, me asignaron un médico distinto (un especialista en neurología), ¡y me husmearon, me pincharon y me exploraron hasta que ya no tenía secretos absolutamente con nadie!

ZIGGY **Por Tom Wilson**

[Viñeta: Ziggy sentado en un taburete frente a un médico, diciendo: "¡Deje de diagnosticar cuando la cuenta llegue a 235 dólares!"]

Los exámenes continuaron por un par de días. Luego el neurocirujano entró a mi habitación a la mañana siguiente, intentando ser cordial, pero obviamente escondiendo alguna mala noticia.

—Pues bien, señora Johnson —dijo con amabilidad. Creemos que hemos reducido el problema a dos posibilidades.

—Cielos... eso es grandioso... creo —manifesté sin estar segura de cómo responder. ¿Qué alternativas tengo?

—Bueno —rió. En realidad no es una alternativa, ni nada que usted hubiera *escogido*. Parece que, o le dio un tremendo derrame cerebral... o tiene un tumor cerebral.

¡Vaaaaya! —gemí.

Tardé un minuto en recobrar el aliento. Luego comencé a suplicar.

—No tengo tiempo para ninguno de *esos* problemas. Dirijo un ministerio y tengo veinticinco charlas programadas. Este fin de semana tendremos visitas, y el próximo jueves saldremos para Sacramento —empecé a decir, como si pudiera discutir con él.

—Señora Johnson —sonrió el médico nerviosamente. Si yo fuera usted no pensaría ir a Sacramento.

—De modo que cree que se trata de un derrame o de un tumor cerebral— apenas pude repetir sus devastadoras palabras. Debí dejar que mi pobre y acosado cerebro las asimilara hasta que finalmente pude comprender lo que el médico me estaba diciendo. ¿Por cuál de los dos debo orar? ¡Es como decidir entre Hitler y Mussolini!

—No —soltó la carcajada—, no se trata de una gran elección, ¿verdad? Sin embargo, creo que deberíamos orar porque sea un tumor. Algunos tumores cerebrales son muy tratables; logramos erradicar muchos con quimioterapia. Pero en muchos casos el daño ocasionado por un derrame es irreversible.

Obviamente yo quería tener el problema que se pudiera *erradicar*. Después de todas las duras noticias que el doctor me había dado en esos últimos minutos, la palabra *erradicar* parecía tranquilizadora.

El médico apretó mi mano y salió de la habitación.

Un cambio importante en mis planes

Una IRM determinaría qué condición estaba causando mi problema. IRM significa Imagen de Resonancia Magnética; es un examen de alta tecnología que permite a los médicos ver horizontalmente «pedazos» del interior del cuerpo del paciente. Pero para mí IRM parece que quisiera decir Inserción en un Rollo Menor o Introducción en una Ruidosa Manguera, porque la experiencia me hizo sentir como si me metieran en el delgado centro de un rollo gigante de papel de baño o, más exactamente, en el tubo, todavía más pequeño, del soporte del papel higiénico. El sonido en el interior del tubo era como si un gigantesco tambor retumbara sobre mi rostro.

Yo estaba de espaldas sobre una mesa, y algo así como una banda transportadora me metía lentamente en el diminuto tubo de la gigantesca máquina. El técnico me había advertido que era absolutamente esencial yacer perfectamente inmóvil durante el procedimiento de noventa minutos, no podía toser, arañar, voltearme, temblar o reír, o se tendría que repetir todo el asunto.

«¡*Muy bien!*», pensé. «¡*Como si alguien pudiera reír mientras su cabeza desaparece dentro de un gigantesco soporte acerado de papel higiénico!*» Entonces, tan pronto oí la advertencia, tuve la más urgente necesidad de rascarme la nariz. Me di una buena restregada cuando la banda transportadora empezaba a rodar; luego puse lentamente las manos en mis costados, como me habían dicho. Provocaba un poco de miedo, pero por fortuna no sufro de claustrofobia, de modo que no estaba abrumada por el nerviosismo. De repente me vino a la mente la más tonta imagen mientras pensaba cómo era estar en esa banda transportadora. Pensé en el episodio de *Amo a Lucy*, en el que ella está trabajando en una fábrica de chocolates y la banda transportadora lleva los chocolates cada vez más rápido, hasta que ella no logra estar a la par y empieza a meterlos en la boca, dentro de la blusa y debajo del sombrero. *Tal vez me reiré después de todo*, reflexioné. Pero al instante resonó en el tubo el primer *¡talán!*, y ya no tuve que preocuparme por moverme. ¡Por un momento quedé paralizada por el terror!

Después de varios minutos del fuerte resonar, me pareció que una voz venía del costado derecho de mi cabeza.

«¿Señora Johnson? ¿Está usted bien? ¿Se está sintiendo bien?»

Al principio pensé que era Dios llamándome al hogar. Luego comprendí que era el técnico. (Dios me habría llamado «Barb».)

Esto era lo que yo quería responder: «¡Déjenme salir de aquí! ¡Esto es una locura! Siento como si estuviera atascada en un enorme rollo de papel aluminio».

«B-b-bien. Estoy muy bien, murmuré en vez de lo que pensaba decir».

Finalmente, noventa minutos después, el examen había terminado. Más tarde una amiga me envió un recorte de la humorista de Colorado, Chris Westcott, quien escribió un artículo en el *Heraldo de Durango* acerca de su IRM. Ella fue la primera que comparó el procedimiento con ser metida en una «lata vibrante de metal de aproximadamente el tamaño del tubo de cartón que se encuentra en el interior de un rollo de papel higiénico». Ella hacía ver además que antes de pasar por el proceso los pacientes debían quitarse cualquier cosa metálica de sus cuerpos, porque la escanografía utiliza un campo magnético. «El campo magnético no causa lesiones, decía, pero cuando terminó la ecografía, yo sentía una extraña compulsión de caminar en dirección norte».

Tranquilícese, señora Johnson.
Solo le voy a hacer un rápido escáner a TAC.

¡Gracias a Dios que no sentí ganas de dirigirme al Polo Norte! Pero salí de la experiencia con un fuerte anhelo de estar cerca del Padre. Esto comenzó al decirme una amiga que cuando me estuvieran haciendo una ecografía, o escáner TAC, hiciera que alguien me sostuviera las piernas mientras yacía dentro del tubo. Dijo que esto me haría recordar que no estaba sola y que me daría consuelo.

Desde entonces he pasado por *muchas* más resonancias magnéticas y escanografías TAC, y varias amigas se han ofrecido voluntariamente a sostenerme las piernas, pero he rehusado. He tenido a Alguien más ayudándome. Cuando estoy en ese espacio pequeño y limitado me visualizo escondida en «una hendidura de la peña», y cubierta amablemente con la propia mano de Dios, mientras retumba su gloria magnificente, como lo describe Éxodo 33.22. En ese lugar bullicioso y apretado como un tubo de papel higiénico siento una extraordinaria sensación consoladora de paz.

¡Gracias Señor! Es un tumor

A los médicos se les debería exigir que tomaran clases de actuación como parte de su currículo médico. Entonces cuando tengan que dar malas noticias podrían tener algún éxito si escondieran sus sentimientos cuando se aproximan al paciente. Ese día mi pobre médico entró a mi habitación como un niñito a quien hubieran atrapado metiendo una rana por la ropa con cuello de tortuga de su hermana.

Hasta este momento los exámenes han descartado cualquier cosa económica.

—Pues bien, aquí estoy —le dije—, intentando estar animada. ¿Me tiene noticias? Cualesquiera que sean, Dios no se caerá de su trono.

—Es un tumor —dijo con amabilidad—, un poco más grande que una pelota de golf, incrustado profundamente en su cerebro. Además, estamos casi seguros de que es canceroso.

—Cáncer... —repetí, helada por esa horrible e impresionante palabra, como si me hubieran dado con una pistola paralizadora. La sensación se posó por un momento en mi cama de hospital. Luego se me ocurrió: «¡*Esto tiene que ser una equivocación! No puedo tener cáncer. No ha habido cáncer en mi familia. Vengo de un gran linaje de personas con problemas cardíacos. Es obvio que este tipo me ha confundido con otra persona que se dio contra el piso de la lavandería la semana pasada*».

—¡Cáncer! *No puedo* tener cáncer —le dije al médico enfáticamente. Mi familia no es cancerosa. Se supone que he de morir de un ataque cardíaco, una válvula pulmonar en mal estado o de una arteria bloqueada. Además, no puedo tener un tumor *cerebral*. ¿Por qué? Ni siquiera he tenido un dolor de cabeza; ¿cómo podría tener un tumor cerebral?

—Debemos hacer una cirugía, una craneotomía —continuó, sonriendo con indulgencia ante las sorpresivas respuestas que manaban de mí sin parar.

—¡Una craneotomía! ¡Cirugía cerebral! ¿Cómo puede ser esto? Me siento bien, solo un poco débil, y tengo mucho que hacer... esas veinticinco conferencias de Mujeres de Fe, los contratos de libros y un ministerio que dirigir...

¿No me estaba escuchando este tipo? ¿No se daba cuenta de que yo no tenía tiempo para eso? ¡NO PODÍA TENER UN TUMOR CEREBRAL MALIGNO!

—Sin embargo, debemos reducir la hinchazón de su cerebro antes de poder operar —divagó como si yo no hubiera dicho una palabra.

Quizás no dije una sola palabra. Me encontraba en tal estado de conmoción que no estaba segura de lo que decía... o escuchaba.

—Lo haremos con medicamentos —dijo—, y tan pronto como sea posible haremos la cirugía.

—¿Me hará una cirugía? ¿Una operación cerebral? ¿Sacará usted el... tumor? —pregunté, sin acostumbrarme aún a pensar que la palabra esa tenía que ver *conmigo,* con *mi* cabeza.

—Tal vez —replicó. Tendremos que examinarlo muy bien para saber la mejor manera de tratarlo. Si lo podemos extraer sin dañar tejido sano, lo haremos. Si no, lo dejaremos en su sitio y lo trataremos con quimioterapia. Por supuesto que debemos vigilar su diabetes mientras lo hacemos.

Quimioterapia. Otra nueva palabra en el horrible vocabulario que de repente se había personalizado para MÍ.

—Señora Johnson —dijo, sosteniéndome la mano. Sé que esta es una noticia dura para usted; y sospecho que las próximas veinticuatro horas, mientras asimila la noticia, serán las más *difíciles* que haya vivido.

De alguna manera la advertencia del médico me sacó de mi estado de conmoción. Lo miré y sonreí de verdad. «*Doctor*, pensé, *¡es obvio que usted no sabe* **nada** *de mi vida!*»

Momentos de regocijo en el montón de estiércol

Es tradicional que al final de cada capítulo en mis libros ponga algunas historias inspiradoras, chistes divertidos y tiras cómicas. Me los han enviado amigos de toda la nación, y en muchos casos el autor es desconocido. Lo obvio es que los escritores eran tipos a los que les encantaba reír. Y vaya, ¡cómo necesitamos reír todos!

Quizás la más conocida opinión acerca del cáncer, enviada por un grupo de amigos que me deseaban una pronta recuperación, es este corto ensayo de un escritor desconocido:

> *El cáncer es muy limitado.*
>   *No puede inutilizar al amor.*
> *No puede aniquilar la esperanza.*
> *No puede corroer la fe.*
> *No puede desgastar la paz.*
> *No puede destruir la confianza.*
> *No puede matar la amistad.*

No puede apagar los recuerdos.
No puede silenciar el valor.
No puede invadir el alma.
No puede reducir la vida eterna.
No puede contristar al Espíritu.
No puede disminuir el poder de la resurrección.

Una adivinanza:
P: ¿Cómo puedes hacer reír a Dios?
R: Cuéntale tus planes.

> Pues bien, para el almuerzo puedes elegir entre hígado, riñón, corazón... Oh, lo siento, esta es tu tarjeta de donante.

El día en que el Señor creó la esperanza fue probablemente el mismo día en que creó la primavera.[1]

A Dios le gusta decorar. Permítasele vivir mucho tiempo en un corazón y este corazón comenzará a cambiar ... Dios no puede dejar una vida sin cambiar, como no puede una madre dejar sin secar las lágrimas de un hijo.[2]

> Si quieres ser la *imagen* de la salud,
> deberás ponerte un *marco* de felicidad.[3]

Mezcolanza de máximas:
No cuentes tus pollos antes de que atraviesen el camino.
Quien ríe primero será el último.
La belleza está solo en la piel ... según el cristal con que se mire.[4]

> No seas una nube simplemente
> porque no pudiste convertirte en una estrella.

> Jesús no evitó las tormentas...
> Las capeó.
> No sacó el barco del agua...
> ¡Sacó el agua del barco![5]

> Todo mi cuerpo está echado a perder:
> Mi nariz chorrea, ¡y mis pies huelen!

Se han cometido errores.
Otros serán culpados.

Lo mejor para *resolver* un problema es descubrir algo de humor en él.[6]

LA FAMILIA CIRCUS   **Por Bil Keane**

"Tenemos estas pequeñas manchas en el pecho para que el doctor James sepa dónde poner su micrófono".

> *Amor, gozo, paz, paciencia, benignidad, bondad,*
> *fe, mansedumbre y templanza.*
> *A todo esto dedico mi día.*
> *Si triunfo, agradeceré.*
> *Si fracaso, su gracia buscaré.*
> *Y entonces, cuando este día se haya ido,*
> *Pondré mi cabeza en la almohada y descansaré.*[7]

Fortaleced las manos cansadas, afirmad las rodillas endebles. Decid a los de corazón apocado: Esforzaos, no temáis; he aquí que vuestro DIOS viene (Isaías 35.3-4).

Cómo tener un tumor... con humor

Esto ha estado estupendo, pero ahora tengo que gritar

Al recordar los momentos del año pasado, me asombra cuán inesperadamente mi vida chirrió al pasar por lo que mi amigo David Jeremiah llama otra «curva en el camino». Este es un camino empinado y abrupto que conozco muy bien.

Mi primera experiencia con la vida conmocionada por los imprevistos sucedió cuando literalmente rodeaba una curva en una carretera montañosa y me topé con el cuerpo de un hombre tendido sobre el pavimento en la maraña de metal que había sido su auto. Solo por su ropa pude reconocer a la estropeada forma como mi esposo, Bill, quien había salido de casa poco antes que yo, remolcando dos cargamentos de muchachos, equipaje y suministros para un retiro en la montaña.

A pesar de las abrumadoras probabilidades, Dios sanó a Bill de sus tremendas heridas. Un par de años después, en un hermoso día del sur de California, nuestra vida cambió otra vez drásticamente de *felicidad* a *tristeza* cuando un auto militar negro se deslizó suavemente hasta detenerse frente a nuestra casa. Dos infantes de marina completamente uniformados caminaron con solemnidad hasta nuestra puerta, e incluso antes de responder a su llamado ya sabía lo que me iban a decir: A nuestro hijo de dieciocho años, Steve, el segundo de nuestros cuatro muchachos, lo habían matado en Vietnam.

Una vez más, nos aferramos de la mano amorosa de Dios mientras emergíamos lentamente del pozo de tristeza y la vida casi volvía a la normalidad. Entonces, cinco años después, Bill y yo estábamos presidiendo una bulliciosa cena familiar con dos de nuestros hijos, cuando sonó el teléfono. En menos de sesenta segundos nos envolvió de nuevo la tristeza. Otro hijo, Tim, el mayor, de veintitrés años, había muerto atropellado por un conductor ebrio.

Por lo tanto ahora tenemos dos hijos como depósito en el cielo, y el camino de mi vida comenzó a parecer una carretera montañosa con una curva muy cerrada tras otra. Luego, un año después de la muerte de Tim, entré deprisa al cuarto de nuestro hijo David, de veinte años, para buscar un libro que un amigo quería que le prestara. Al abrir un cajón descubrí revistas y cartas que me revelaron que David era homosexual. Más tarde, lo confronté con lo que había encontrado, diciéndole muchas cosas poco amables. Como resultado, él salió de la casa, nos repudió, cambió su nombre y desapareció. Pasarían once años antes de que volviera a entrar en nuestra vida y se restaurara nuestra relación.

De modo que mi corazón se ha destrozado muchas veces y mi mundo se ha puesto patas arriba. ¿Y me decía ahora un médico que algo en mi cerebro del tamaño de una *bola de golf* iba a ser lo más difícil que habría de soportar? ¡Claro que no!

En medio de esta terrible prueba, una amiga me envió un poema escrito hace muchos años por el misionero en China E.H. Hamilton en admiración a otro misionero, J.W. Vinson, quien fue martirizado en el norte de China. El poema explica de modo muy hermoso el valor que los cristianos conocen cuando enfrentan cualquier clase de sufrimiento:

¿Miedo? ¿De qué?

¿Miedo? ¿De qué?
¿De sentir la alegre liberación del espíritu?
¿De pasar del dolor a la paz perfecta?
¿De que cese la lucha y la presión de la vida?
Miedo... ¿de qué?

¿Miedo? ¿De qué?
¿Miedo de ver el rostro del Salvador,
De oír su bienvenida, y de rastrear

El reflejo glorioso de las heridas de gracia?
Miedo... ¿de qué?

¿Miedo? ¿De qué?
¡De un destello, un choque, un corazón perforado;
De la oscuridad, la luz, o del arte celestial!
¡Una herida de Dios, un equivalente!
Miedo... ¿de qué?

¿Miedo? ¿De qué?
¿De hacer por la muerte lo que la vida no puede:
Bautizar con sangre un argumento de piedra,
Hasta que las almas broten del lugar?
Miedo... ¿de qué?[1]

Conmoción, sí. Temor, no

Como saben todos los padres, es mucho más difícil tratar con adversidades que afectan a nuestros hijos que enfrentar algo que *nos* hiere. Si uno de mis seres amados sufre, yo estoy a su lado preocupada. Y aunque no fue lo más sencillo del mundo tener a un médico al pie de mi cama de hospital diciéndome que yo tenía un tumor maligno, ni por un momento sentí miedo. Conmoción, sí. Tristeza, quizás. Temor, no.

Es necesario reconocer que la palabra *cáncer* es aterradora. Evoca imágenes de que no hay vuelta atrás, de que no tiene control sobre su cuerpo y su vida... de no concluir el gran juego del modo en que usted quería. Oír que se tiene cáncer puede ser uno de los desafíos más duros de enfrentar.

Alguien me envió un artículo de periódico acerca de un pastor muy conocido a quien el año pasado le diagnosticaron una forma de cáncer muy extraña y agresiva. El hombre admitió que sus rodillas se doblaron cuando el médico le dijo que el cáncer había invadido su cuerpo.

Sí, pensé cuando leí esa línea, sabiendo exactamente cómo se sentía el pastor, *nuestras rodillas se doblan.* Y eso nos coloca exactamente en la posición adecuada para pedir ayuda a Dios y para sentir su mano posándose en nuestra vida. El pastor también había sentido conmoción, pero no miedo. «Creo en lo que predico», dijo. «Creo que estamos en las manos del Señor». A su congregación le dijo: «Ahora me oirán predicar con mi vida».[2] En momentos como estos es cuando debemos recordar este consejo:

> No olvides en la oscuridad
> lo que has aprendido en la luz.

No es que algunos de nosotros *prefiramos* tener cáncer. Pero como cristianos estamos en una situación de ganadores. Algún artífice de la palabra lo escribió así:

> Lo *peor* que puede suceder es lo *mejor* que puede ocurrir.

Los cristianos sabemos la verdad de esa afirmación. Seguramente lo *peor* que puede pasar es que muramos... y eso en realidad es lo *mejor* que nos puede suceder, porque sabemos que no pasamos de vida a muerte. La cantante Kathy Troccoli dice con mucho énfasis que cuando morimos pasamos de vida a *vida*. ¡Lanzamos ese último aliento terrenal y respiramos en la gloriosa atmósfera celestial!

Brotes de geranio

¡No crea ni por un instante, solo porque yo no tenía miedo de morir, que no tenía escrúpulos acerca de lo que iba a pasarme a partir de ese momento! Si el médico hubiera dicho: «Usted tiene un tumor cerebral y vamos a tener que cortarle la cabeza», yo habría podido vivir con eso... o habría muerto rápida y felizmente, volando hacia el cielo para tener un nuevo cuerpo. Pero por supuesto que eso no es lo que él sugirió. Por el contrario, el tratamiento que manifestaba en forma de monólogo estaba salpicado de palabras llenas de malos augurios: expresiones como *cirugía... varias semanas de quimioterapia... más exámenes,* y luego la más aterradora de todas las frases: *esperemos y veamos.*

Lo siguiente que reconocí es que el costado de mi cama parecía haberse vuelto una parada regular para un desfile creciente de médicos y otros encargados de la salud. Mi endocrinólogo familiar, que me había ayudado a controlar mi diabetes por años, se unió al neurocirujano, a un oncólogo, un anestesiólogo, y a una colección interminable de enfermeras, ayudantes de enfermería y técnicos de laboratorio y radiología.

Un par de amigos míos estaban en la habitación cuando el cirujano entró y dijo que iba a hacer una craneotomía. Sonrió animadamente y con su dedo trazó una línea imaginaria desde una oreja, por encima de mi cabeza, hasta la otra oreja, para mostrarme dónde se haría la incisión.

—Doctor, espero que sepa que estará operando a una persona muy especial —dijo uno de mis amigos mientras yo hacía una mueca y fruncía los labios para decir: ¡Shhhh!

—¿Verdad? —replicó el médico.

—Sí, esta es la escritora cristiana más leída en todos los tiempos. Barbara ha escrito más de una docena de éxitos de librería —continuó el amigo.

El cirujano levantó las cejas.

—¿Es verdad eso? ¿Qué libros ha escrito?

—Los más conocidos son *¡Siembre un geranio en su sombrero y sea feliz!* y *Cómo vivir en alguna parte entre el estrógeno y la muerte* —continuó mi hablador amigo.

El médico sonrió educadamente como si estuviera pensando que de todas las cosas extravagantes que había oído de sus pacientes, esta era la más extraña. Probablemente determinó: *¡Es obvio que esta dama ha necesitado una cirugía de cerebro desde hace mucho tiempo!*

—En realidad la gente se confunde todo el tiempo con el título de *Geranio* —le dije. Una mujer incluso me preguntó una vez si el título era *Siembre un geranio en su cráneo*. Creo que ese tendría que ser mi próximo libro, ahora que me están haciendo una craneotomía.

El médico sonrió un tanto nervioso, quizás preguntándose si debería hacerme ver por un siquiatra.

Oraciones y tiempo juntos

No soy conocida por tener paciencia; si tuvieran que hacerme una operación, querría que fuera *ahora mismo*. Hoy. Este minuto. ¡Salir de eso! Pero si usted ha estado alguna vez en un hospital, sabe que el itinerario deseado por el paciente no es una gran prioridad. Los médicos dijeron que la cirugía tendría que esperar algunos días hasta que un tratamiento de esteroides redujera la hinchazón que había alrededor del tumor. Por consiguiente, lo único que yo podía hacer era esperar en mi habitación del hospital y entretener a las visitas. Una continua procesión de familiares y amigos entraba y salía de mi diminuto cuarto, mientras aumentaba mi irritación con cada hora adicional de espera. Cuán frustrante era pensar en todo el trabajo que tenía en casa y en los ministerios Espátula y Mujeres de Fe, mientras yacía en una cama de hospital y pasaba día tras día chachareando sin sentido con una colección siempre cambiante de rostros, ¡esperando que desapareciera la hinchazón de mi cerebro!

Por supuesto, también hubo momentos de puro gozo, incluso en esa época inquietante. Una mañana, alrededor de las cinco, me despertó la música de *La pequeña casa en la pradera*, uno de mis programas favoritos de televisión. Mientras me preguntaba quién estaría viendo ese programa tan temprano, me di cuenta que alguien me estaba tomando la mano y la apretaba suavemente. A la tenue luz de la pantalla de televisión pude distinguir el gran cuerpo de mi hijo Barney, de 210 libras y 1.88 m de estatura, parado a mi lado. Qué impresión (y qué alegría) verlo al lado de mi cama y comprender que había llegado al hospital a esa hora para ver conmigo mi programa favorito. Cuando usted se enfrenta a lo desconocido, es muy consolador encontrarse sosteniendo una mano conocida y compartiendo una amable experiencia.

Tiempo de fiesta

Finalmente, la noche antes de efectuarse la operación, varios de mis amigos, incluyendo algunas de las demás conferencistas de Mujeres de Fe, se apretujaban en mi pequeña habitación con Bill, nuestros hijos David y Barney, y Shannon la esposa de Barney, para una última ronda de oración y compañerismo.

Mi amiga y colega conferencista de Mujeres de Fe, Sheila Walsh, había pasado sus propias aventuras cuando se apresuraba a visitarme en mi cama de enferma. Al llegar al aeropuerto del Condado Orange, California, no había autos de alquiler disponibles debido a alguna clase de convención que se llevaba a cabo en la región. Ella no sabía cómo llegar hasta el Hospital San Judas, que quedaba a bastante distancia. Al ver cuán angustiado lucía el rostro de mi amiga cuando se desplomó sobre el escritorio de la agencia de alquiler de autos, el empleado le preguntó:

—¿Necesita *en realidad* un auto?
—¡Sí! —respondió ella rotundamente.
—Muy bien, párese en el andén externo y un tipo de baja estatura la recogerá en un autobús rojo y la llevará a una agencia de alquiler de autos —dijo el hombre.

No fue sino hasta cuando Sheila estuvo sentada junto al extraño en el autobús rojo que sintió un poquito de nerviosismo, ¡tal vez al recordar todas las veces que le había dicho a su hijo que *nunca* subiera a un vehículo con un extraño! Sin embargo, el amable sujeto cumplió su promesa y llevó a Sheila a otro patio de alquiler de autos, donde alquiló uno y se dirigió al hospital.

Una vez dentro del edificio, Sheila se confundió de alguna manera de ascensor y, sin darse cuenta, ¡fue a parar al pabellón de maternidad!

—¿Me puede decir dónde está el cuarto de Barbara Johnson? —preguntó a una enfermera.

—Por supuesto —contestó—. ¿Es niño o niña?

—Bueno, es una chica... supongo, ¡pero tiene más de setenta años!

La enfermera miró a Sheila como si fuera del *Libro de récords Guinness*.

—Creo que usted está en el pabellón equivocado —dijo—. ¡Dudo mucho que *esa* señora Johnson acabe de tener un bebé!

—En realidad ha tenido cuatro pero... es una larga historia. ¡Usted debería leer sus libros!

Finalmente Sheila encontró mi cuarto, donde se unió a la reunión que se llevaba a cabo. En algún momento llegaron a estar dieciocho personas apretujadas en el pequeño recinto. Esa noche hubo muchas risas... y también mucha inquietud. Luego una de las chicas propuso que cantáramos.

Exactamente cuando nos estábamos animando, y nuestras voces resonaban por los embaldosados pasillos, se apagó uno de mis monitores, emitiendo sonidos agudos por sobre nuestro concierto improvisado. Una enfermera entró deprisa al cuarto, vio la multitud, y aparentemente pensó que estábamos ensayando un coro evangélico.

«¡Cielos!», dijo. «No podemos tener aquí toda esta gente. La señora Johnson debe descansar. No podemos permitir esto».

¿Estás aún ahí?

La fiesta terminó después de otra ronda de oraciones, y me quedé sola para enfrentar la noche larga y oscura. Yacía allí en la quietud, mi rostro vuelto hacia la pared, y recordando la historia que escuché de un pastor. Cuenta que un niñito despertó asustado en la noche, se fue en busca de sus padres y despertó a su papá con sus lastimeros sollozos.

El padre regresó con el niño a su cuarto y le prometió quedarse acostado a su lado hasta que se durmiera de nuevo. Permanecieron en la oscuridad por un rato.

—¿Papi? —susurró el niño al poco rato—. No puedo verte. ¿Estás aún ahí?

—Sí, hijo, aquí estoy.

El niño se quedó en silencio por un momento, entonces el padre oyó su voz de nuevo.

—No puedo verte, papá. ¿Tienes el rostro vuelto hacia mí?

—Sí, hijo, mi rostro está vuelto hacia ti.

Eso es lo que yo quería saber durante toda esa larga noche en el hospital. *¿Estás aún ahí, Dios? ¿Puedes verme? ¿Tienes el rostro vuelto hacia mí?*

La respuesta fue la misma que había oído toda mi vida: *¡Siempre!*

Al volver a estar segura, recordé de nuevo las bienamadas palabras de la antigua bendición aarónica en Números 6.24-26:

> *Jehová te bendiga, y te guarde;*
> *Jehová haga resplandecer su rostro sobre ti,*
>   *y tenga de ti misericordia;*
> *Jehová alce sobre ti su rostro, y ponga en ti paz.*

Luego, consolada una vez más, susurré mi propia oración de tres palabras, las mismas que me sacaron muchas veces antes del pozo negro de la vida:

Cualquier cosa, Señor...

Lo más difícil

La mañana siguiente, después de que la enfermera esquiladora de ovejas hiciera su trabajo, yo lucía como una combinación entre Groucho

Marx y la Estatua de la Libertad. Desde la parte trasera de mis orejas hacia adelante, todo había sido afeitado, lo cual hacía ver todo el pelo que quedaba como lana que brotaba de una pelota de boliche. Cuando la presidenta de Mujeres de Fe, Mary Graham, entró a hurtadillas en mi habitación para despedirse antes de que me operaran, se le levantaron las cejas y su boca formó una enorme O redonda. Yo podría asegurar que ella quería llorar, pero no se atrevió. En vez de eso sonrió.

«Barb, ¿no sería fabuloso tener todo el cabello nuevo?», preguntó con entusiasmo, como si yo fuera a tener una nueva vajilla o algo así. He oído que a veces crece *ensortijado* después de afeitarlo.

«Sí, yo también he oído eso», dije, tocando suavemente mi cuero cabelludo calvo. «Pero de algún modo me siento mal por los chistes que he hecho acerca de los hombres que pierden el cabello. Sabes, he dicho muchas veces que los hombres no pierden su cabello... este solo se va bajo tierra y sale por sus orejas. Detestaría que me saliera pelo ensortijado de las *orejas* cuando todo termine».

La mañana siguiente, después de que la enfermera esquiladora de ovejas hiciera su trabajo, yo lucía como una combinación entre Groucho Marx y la Estatua de la Libertad.

La cirugía estaba programada para las once de la mañana. Pero llegó esa hora, y se fue, sin señales del equipo quirúrgico. Al mediodía yo estaba dispuesta a subir al quirófano y golpear la puerta.

—Ve y llámalos —le dije a Mary Graham—. Ya nos debemos ir.

—No funciona de ese modo, Barb —respondió ella—. No es como llamar a un taxi.

—Muy bien, entonces vamos a esperar en el ascensor —sugerí a los amigos y familiares que se habían vuelto a congregar en mi habitación. ¡Quiero terminar con esto de una buena vez!

Me levanté de la cama, tomé el soporte del suero intravenoso, y me dirigí al ascensor. Las enfermeras me habían dicho que sería provechoso caminar un poco antes de la cirugía, y me imaginé que ese era un buen lugar como cualquier otro para hacerlo. Mi asustado séquito no tuvo más alternativa que seguirme. Se colocaron en el área del salón donde les di instrucciones de vigilar las puertas del ascensor mientras mi hijo David, sosteniendo el suero, caminaba conmigo de un lado al otro del pasillo.

Durante un descanso mis amigos me invitaron a sentarme y a cantar otra vez con ellos.

—Está bien —dije—. Cantemos «Saldré volando».

—¡No! —gritó Mary Graham. Eso no. No es el momento de cantar eso. Barb, hoy no vas a salir volando *a ninguna parte.*

A la una de la tarde, dos horas después de la hora programada para la cirugía, aún estábamos esperando en el ascensor, y estoy segura de que mis amigos estaban pensando si me podrían meter en un cuarto con paredes acolchadas y SIN RELOJ, por si me desquiciaba por completo. Luego, exactamente antes de las dos se abrieron las puertas del ascensor, y dos auxiliares hacían rodar una camilla... mi transporte hasta el quirófano. Arreé a todos de vuelta a mi cuarto y me trepé a la camilla. Era tanto el alivio de que finalmente estuviera en camino a esta pavorosa experiencia, que yo casi estaba llena de júbilo.

El grupo de amigos me seguía por el pasillo mientras los camilleros me metían al ascensor. Estoy segura de que los demás pacientes de ese piso debieron pensar que yo era una criminal bajo fuerte custodia o una paciente mental con riesgo de escaparme, ¡para que tuviera tantas escoltas siguiéndome por todas partes!

Para ser sincera, no recuerdo mucho de esa mañana, pero mis seres queridos me han hablado al respecto. Mary Graham compartió estos amables recuerdos de ese momento:

Barb, cuando nos sentamos allí esa mañana, fuiste tan veraz como de costumbre. Mostraste ese mismo espíritu batallador de siempre. Esto nos dio a todos una oportunidad de ver lo que eras bajo intensa presión, y te portaste exactamente como siempre eres. Nunca olvidaré eso. Mientras te llevaban aún seguías hablándonos y tranquilizándonos. Era como si solo estuvieras yendo por el pasillo a hacerte limpiar los zapatos. Me dijiste: «Mary, hace mucho tiempo aprendí a decir: "Cualquier cosa, Señor". Y esto es solo "cualquier cosa"». Después de que te llevaron a la cirugía regresamos a tu cuarto, y esa fue la parte más difícil, porque entonces no estabas allí con nosotros para hacernos reír.

Un poco menos de cerebro, mucha esperanza más

La operación salió bien. Los médicos realizaron una correcta lobectomía frontal, examinaron el tumor y tomaron muestras para la biopsia y los exámenes. Cuando todo acabó desperté con una hilera delgada pero fuerte de grapas e hilos que, de oreja a oreja, formaban un cintillo sobre mi cuero cabelludo.

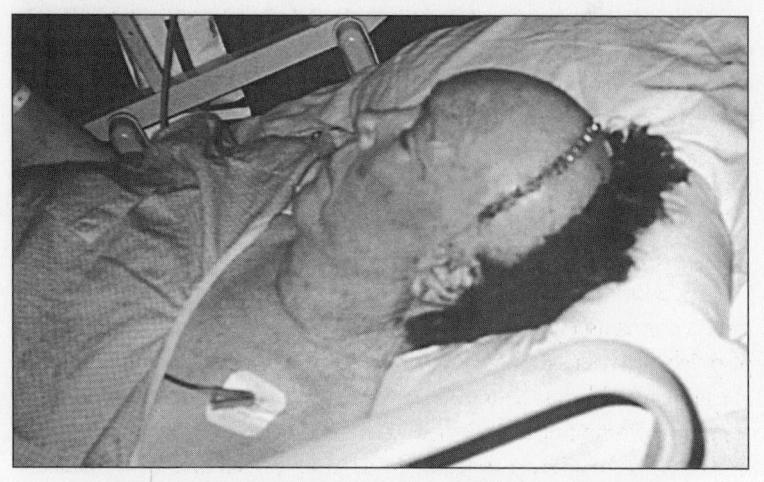

La craneotomía requería una incisión que iba de oreja a oreja. Después quedé con una línea de grapas semejante a una diadema de alambre de púas. Se veía horroroso, pero era casi indoloro.

Asombrosamente no había dolor alguno. De forma cómica expliqué a mis amigos que eso se debía a que tengo un cráneo entumecido. Sin embargo, ¡lo asombroso de verdad fue que la craneotomía se realizó con anestesia local! Los médicos no querían que yo estuviera muy sedada porque no estaban seguros de cómo respondería mi cerebro. Por lo tanto, inicialmente me encontraba tan despierta que podía oír lo que el equipo quirúrgico decía... ¡lo que me asustó! ¡Dos de los médicos estaban discutiendo las ventajas de usar correa en vez de tirantes! Yo quería decir: «¡Hola! ¡Me están operando! ¿Podrían olvidarse por un momento qué están sosteniendo sus pantalones? Caballeros, enfóquense en la cirugía del cerebro. ¡ENFÓQUENSE!»

Aparentemente los médicos podían hacer al mismo tiempo una cirugía cerebral y discutir asuntos de atavío, porque la operación iba bien. Sin embargo, después me dijeron que el tumor estaba muy incrustado en mi cerebro para ser removido quirúrgicamente. Pero también había buenas noticias. Habían identificado el tumor como un linfoma, una clase de cáncer que según ellos sabían cómo tratar. Es más, uno de los médicos predijo valientemente que yo tenía el 85 por ciento de probabilidades de recuperarme por completo. Durante algunos días después de la cirugía trabajarían en el laboratorio, tratando muestras del tumor con varias combinaciones de medicamentos de quimioterapia hasta hallar el «coctel» adecuado, como ellos lo llamaban, que disolvería el tumor.

La interpretación de la noticia
Como he dicho muchas veces, mi esposo Bill tiene una personalidad melancólica, es uno de esos pesimistas eternos que buscan la mancha oscura dentro de todo forro plateado.

—Les tengo buenas noticias —dijo el neurocirujano a mis familiares y amigos al salir del quirófano la noche de la operación. El cáncer resultó ser de una clase sumamente tratable y sensible a la quimioterapia.

—Eso es —exclamó Bill levantando las manos en señal de desesperación. Ella no viajará más con Mujeres de Fe. Este es el fin de todos los viajes y de las conferencias. Simplemente que se olvide de eso.

Mary Graham le dio tranquilamente unos golpecitos en la mano.

—Bill, eso no es lo que oí decir al doctor —dijo. Él manifestó que el cáncer de Barb es sensible a la quimioterapia y que es tratable. No creo que debas descartar nada todavía.

—Bill, ¡es de Barb que estamos hablando! —dijo Sheila reforzando la observación de Mary. Piensa simplemente en lo que Dios le ha permitido pasar. Ningún tumor determinará cuándo el tiempo de tu esposa finalizará aquí en la tierra; solamente Jesús lo hará. Pienso en los millones de vidas que ella ha tocado, y no creo que Dios haya terminado con ella todavía.

Luego oraron, agradeciendo a Dios por la vida que se me había dado hasta ahora, por los maravillosos médicos, y por el perfecto amor de Dios que echa fuera el temor. Todos ellos me levantaron hasta los fuertes brazos en que he descansado por muchos años.

Mientras todos oraban, a poca distancia por el pasillo, me llevaban a la sala de cuidados intensivos. Había comenzado el siguiente capítulo de mi vida.

¿Estuve extraña?

Varias veces durante mi recuperación de la cirugía las enfermeras entraban a mi cuarto y me preguntaban: «¿Señora Johnson? ¿Cómo se está sintiendo? ¿Sabe dónde está?»

Las preguntas de las enfermeras siempre me sorprendieron. ¿Qué clase de tonta creían que yo era? En la parte frontal de mi bata de hospital estaba escrito en grandes letras negras: CENTRO MÉDICO SAN JUDAS. Si yo olvidara dónde estaba, lo único que debía hacer era mirar mi pecho, ¡y allí estaba la respuesta!

Después evoqué ese práctico recordatorio cuando una amiga me envió esta nota cómica:

> Fuiste una bendición particular para mí cuando me diagnosticaron cáncer de mama hace dos años. Yo sabía que Dios me traería al otro lado, mejor que al principio, y tú Barb jugaste un papel importante para ayudarme a sentir así. Pude bromear y reír cuando otras personas pensaban que estaba volviéndome loca. Sin embargo, cuando Dios está en control te puede ayudar a ver algunas de las cosas cómicas que suceden.

Después de mis operaciones (la mastectomía, la reconstrucción y luego la remoción laparoscópica de adherencias) tengo ahora una cara maravillosamente feliz en mi abdomen. Cuando a veces siento lástima de mí misma, lo que hago es darle una mirada a mi estómago y no puedo dejar de reír. ¿Cuántas personas conoces que llevan una cara feliz donde nadie puede verla?

A pesar de la convicción de que me había sentido bien antes de que se descubriera el tumor, y de que yo recordaba quién era y dónde estaba después de la operación, los médicos continuaron sometiéndome al interrogatorio en los días siguientes. Ellos decían que tumores como el mío interfieren a menudo con el proceso de pensamiento o con la capacidad creativa. Una y otra vez me preguntaban si mis amigos y familiares habían observado en mí algún desmejoramiento mental en las últimas semanas.

«Nadie ha dicho nada», manifesté a los médicos. Pero es posible que hayan sido demasiado educados para hacérmelo ver.

Pregunté a mi hijo David si había observado algún cambio en mi conversación.

—Bueno —contestó—, repites mucho las cosas, ¡pero *siempre* has hecho eso! (Creo que todas las madres sienten que deben decir las cosas al menos *dos veces* para asegurarse de que los muchachos comprenden lo que se debe hacer.)

A continuación llamé a mis amigas y les dije que los médicos querían saber si yo había estado actuando de modo extraño recientemente. Les rogué que fueran sinceras y me dijeran la verdad, sin importar cuán difícil fuera para mí oírla.

—¿Cómo saberlo, Barb? —replicó una amiga—. *Siempre* has sido un poco extraña.

Una de mis compañeras de viajes caviló por un momento en la pregunta.

—Bueno —dijo después de unos instantes—, cuando estuvimos en Omaha recogiste todas las botellitas de salsa de tomate de las bandejas del servicio de habitaciones que quedaban en los pasillos del hotel. Pero has hecho eso por años.

—Y *tú* tomabas los diminutos frascos de mermelada —le recordé satíricamente.

—Te detuvo un patrullero cuando saliste a caminar por las calles de Tulsa en medio de la noche —continuó otra ayudante.

—Pero cuando descubrió que yo me dirigía al Wal-Mart que abre toda la noche me dio un aventón —repliqué—. Y no iba simplemente de compras a medianoche. Estaba tratando de encontrar una máquina de escribir para poder plasmar por escrito algo que me había sucedido ese día. Era demasiado largo para escribirlo a mano, y yo quería recordarlo para mi siguiente libro.

—En una ocasión arrancaste un pedazo de una planta en la oficina postal y le dijiste a la persona siguiente en la línea que comenzaba a parecer Navidad —recordó otra compañera—. Pero eso pasó años atrás.

—Te perdiste en ese gigantesco centro comercial en Birmingham y no lograbas recordar por qué puerta entraste —me recordó otra ayudante.

—¡Pero estabas conmigo! Y tú tampoco recordabas por qué puerta entramos. Al menos *yo* sabía que entramos por donde había un maniquí con un vestido morado.

—Correcto, y mucho bien que nos hizo cuando volvimos a ir a información para pedir ayuda —refunfuñó defensivamente.

Era obvio que mis amigas no iban a ser de gran ayuda en esta área. Cuando les dije a los médicos que nadie parecía haber notado nada distinto, ellos no parecían saber si sentirse aliviados o escépticos.

—Es sencillamente asombroso que usted tenga un tumor de este tamaño y sin embargo su memoria y su conducta no parezcan haber sido afectadas —me dijo uno de ellos.

—Bueno, me alegra que no me pidan que continúe preguntando a mis amigas si he estado actuando de modo extraño —admití—. ¡Después de escucharlas estoy comenzando a pensar que he estado loca por muchísimo tiempo!

Distraídamente levanté el bolígrafo para rascarme la oreja.

—¡No haga eso! —me ordenó de repente el cirujano—. Se podría herir.

Contuve el aliento y solté el bolígrafo.

—Solo bromeaba —dijo con una sonrisa y dándome palmaditas en la mano.

El don sanador de la risa

Cuán agradecida he estado este año de tener médicos maravillosos con un gran sentido del humor, así como muchos amigos y miembros de la familia que también les encanta reír. Mientras estuve en el hospital y en los meses desde que he estado en casa, soportando la quimioterapia, las interminables ecografías y la terapia física, me ha abrumado una avalancha de correo de personas que me desean una pronta recuperación, y de asistentes a Mujeres de Fe. Aprecio todas las tarjetas y cartas, incluso las que van acompañadas de puñados de brillantes confetis que al abrirlas se esparcían sobre la alfombra. (Pude apreciarlas más desde que Bill se puso a hacer todos los quehaceres domésticos y limpiaba mientras me recuperaba.) Pero estaba especialmente agradecida por las tarjetas cómicas y las cartas que incluían historias de las propias calamidades y desventuras de los autores, así como apreciaciones inspiradoras. Muchas de ellas no tenían nada que ver con el cáncer o con los deseos de recuperación. Eran solamente historias risibles que me ofrecían quienes las escribieron como regalos de recuperación. Por supuesto, quiero compartir con *usted* esas risotadas.

Por ejemplo, Pat Swarthout de Pennsylvania escribió para contarme de la época en que cayó dentro de la hundida tumba de su tía durante una visita de invierno cuando el cementerio estaba cubierto de nieve. «Caí de rodillas en la tumba y me rompí el tobillo. Mi hermano me sacó. Me sentí como una chiflada en la sala de emergencia, cuando me preguntaron cómo sucedió el accidente. Tuve que decir: "Bueno, me caí en la tumba de mi tía"».

Ahora, hay dos maneras de ver tal experiencia. Usted puede deprimirse y sentir vergüenza por haberse caído en una tumba, o puede reír. Pat estaba compartiendo esta historia conmigo, y me escribió: «Cuando ocurrió esto estaba leyendo en uno de tus libros una cita que dice: "Cualquier día sobre la tierra es bueno". Pensé: *Qué adecuado*. Y ahora en tiempo de Pascua puedo cantar realmente: "De la tumba me levanté". Cuando canto ese himno sé cómo se siente ser halada de la tumba. También sé que algún día me levantaré otra vez de la tumba».

Pat es también superviviente de cáncer, y además de su tobillo fracturado ha soportado otras varias condiciones dolorosas. Sin embargo, ningu-

con humor

no de esos problemas evita que comparta su alegría en todo momento (le encanta servir a sus amigas huevos duros en pedacitos con salsa picante), de modo que siempre está alerta de situaciones cómicas. Durante su recuperación del cáncer le hicieron tratamientos de radiación por treinta y cinco días seguidos. Eso pudo haber sido suficiente para desmoralizar el espíritu de alguien que no estuviera tan adaptado a situaciones humorísticas, pero no al de Pat. Ella siempre lleva una cámara adondequiera que va, por eso un día en que se dirigía a otro tratamiento de radiación y se topó con algo insólito en medio de una carretera en construcción, estuvo lista para fotografiarlo. Un baño portátil había sido instalado al borde de la carretera, exactamente junto a un gran letrero que decía: «Solo para paradas de emergencia». Ella rió a carcajadas, luego sacó la cámara, tomó la foto y me la envió. «Creo que te deleitarás con esto», escribió.

Mientras manejaba hacia el tratamiento, o al regreso de él, Pat Swarthout siempre estaba buscando cosas cómicas para fotografiar. Cuando observó dónde la cuadrilla de construcción de carreteras había instalado su baño portátil, tomó su cámara... y registró su risa del día.

Pat se describe como alguien que «puede tener sentido del humor y sin embargo experimentar momentos difíciles», entre ellos artritis progresiva, fibromialgia, diverticulitis y cáncer de mama. No obstante, ella se enfoca en las buenas cosas que le suceden, y busca momentos humorísticos en el mundo que la rodea. Lo mejor de todo es que comparte la alegría que encuentra. Mi parte favorita de su carta es el lema al final:

> Me duele si lo hago.
> Me duele si no lo hago.
> Por lo tanto *sí* lo hago.

Lisa Wharry también me contó una historia divertida, y dice: «Si esto te trae aunque sea un destello de luz o de risa, es lo menos que puedo hacer por ti, pues veo cómo tú y tus libros fueron el vehículo que Dios utilizó para resguardar mi sensatez durante una de las épocas más difíciles que he debido enfrentar».

Igual que muchas de mis propias experiencias, la de Lisa comenzó con un trauma. La amada perra de la familia, Mucuy, una juguetona perrita blanca cruzada, con una enorme cabeza negra, era más que nada un animal casero, pero que solía escabullirse al exterior cada vez que se abría la puerta, incluso en las horas de la mañana en que los gatos exigían salir para hacer sus necesidades físicas.

Una mañana Lisa llevaba a su hija a la escuela cuando al virar hacia la calle principal a un par de cuadras de su casa encontró a su preciosa Mucuy muerta sobre el pavimento. «Una mirada a esa gigante cabeza negra, torcida y destrozada como estaba, y no había forma de negar que este era el cachorro que habíamos rescatado de las calles cinco años atrás», escribió mi amiga.

Lisa recogió el cuerpo sin vida del pobre can y lo colocó en el asiento trasero del auto, notando que parecía más pesado que cuando saltaba juguetonamente sobre su regazo y se acurrucaba junto a ella.

Al regresar a su casa, Lisa llamó a su madre y a su hermana para darles la triste noticia y para que le ayudaran a cavar una tumba para Mucuy en el patio trasero.

Las mujeres se quedaron atónitas al oír esta noticia tan temprano en la mañana. Sin embargo, la hermana de Lisa estaba especialmente afectada. «La acababa de poner en el baño hacía unos minutos», exclamó. Lisa sabía que unos minutos podían significar cualquier cosa para su hermana, dependiendo de cuánto había dormido, y Lisa no tenía ánimos para discutir. «Fue solo uno de esos momentos en que quieres darle un puñetazo a alguien. Creo que ella sintió eso, porque finalmente se dio por vencida y entró en la casa».

Exactamente cuando Lisa y su madre levantaban el cadáver de Mucuy del asiento trasero del auto, oyeron los chillidos sofocados de la hermana. Dejaron a la perra y entraron a la casa.

«Allá estaba Mucuy con la más grande y tonta sonrisa dibujada en su enorme rostro negro, meneando todo su cuerpo detrás de mi hermana».

De repente, Lisa se dio cuenta que tenía el perro muerto de otra persona en el asiento trasero de su auto.

«Intentamos en vano encontrar al dueño. Finalmente hicimos un funeral privado con una tumba de 150 x 60 x 60 cm y oramos antes del entierro. Pero no antes de percatarnos de que este había sido un hermoso perro *macho*».

La historia agridulce de Lisa trajo un momento de humor, como también una pequeña lección sobre la gracia. Ella escribió: «Este pobre perro que parecía ser Mucuy tuvo una muerte que pudo haber sido la de Mucuy, exactamente como Jesús (Dios en nuestro traje) tuvo una muerte que, a no ser por la gracia de Dios, pudo haber sido la nuestra».

Luego Lisa firmó con este trozo de ánimo:

> *No pierdas el ánimo.*
> *Y cuando sea demasiado duro,*
> *¡Dios enviará sus ángeles*
> *para que te sostengan!*

Una amiga en Dakota del Norte envió este consejo: «Barbara, cuando yo estuve enferma de cáncer alguien me dio *¡Siembre un geranio en su sombrero y sea feliz!* Quizás deberías leerlo y encontrar allí el mismo gozo que me prodigó en una época difícil».

Otra dama, también sobreviviente del cáncer, me animó: «Superarás esto, por tanto solo...»

Persevera en tu sendero y mantente caminando.

Una amiga me envió una tarjeta que dice:
«Barb, cuando cuento mis bendiciones, ¡tú estás allí!»

Otra amiga me envió una cajita de uvas pasas con una nota que decía:
Barb, ¡te estoy levantando en oración!

Olga Fairfax, quien a propósito tiene un doctorado, me envió una historia cómica de sí misma después de leer un chiste ridículo en uno de mis libros. El chiste era acerca de un hombre que estaba totalmente absorto mirando por televisión un partido de fútbol americano mientras su esposa estaba planchando a poca distancia. Cuando ella salió del cuarto y sonó el teléfono, el hombre tomó la plancha en vez del teléfono, ¡y se chamuscó el costado de la cabeza! Cuando el médico preguntó cómo se había quemado *ambos* lados de la cabeza, él replicó: «¡No había acabado de colgar cuando el tonto llamó de nuevo!»

Bueno, Olga leyó esa historia, ¡y creo que sus orejas realmente ardían! Escribió para decirme:

> Soy la fuente original de la historia de tu libro «la plancha en la cara». Hace aproximadamente treinta años, siempre que hablaba por teléfono con mi madre, solía planchar. Un día, mientras planchaba un mantel de lino, para el cual usaba la posición más caliente (mi plancha tenía de uno a doce, ¡y debí ponerla en trece!), bajé momentáneamente el teléfono, di una vuelta alrededor, y entonces tomé la PLANCHA ¡y la coloqué en mi mejilla! ¡Estaba que quemaba! Me puse hielo, ¡pero al día siguiente la mejilla tenía el contorno perfecto de la plancha! Todos los chicos y maestros del instituto donde enseñaba arte observaron la marca roja. Esa tarde el director me llamó a su oficina. Con el rostro absolutamente serio me preguntó: «¿QUÉ hiciste?» Dijo que el tema que había oído todo el día era: La señora Fairfax se planchó la cara.

Transmisión de bendiciones

A lo largo de mi enfermedad mis amigos y lectores me han enviado una multitud de regalos (flores, caramelos, lociones, burbujas de baño). Usted no se puede imaginar la cantidad de cosas que han ido a parar a mi casa. Sin embargo, los regalos que más he valorado son las historias llenas de risa y los chistes que han iluminado mi día con sonrisas. Lo mejor de todo es que se los estoy pasando a *usted*, de modo que el regalo se convierte en mi asunto favorito: ¡un bumerang de bendiciones!

Cuando fue diagnosticado mi cáncer estábamos en el proceso de producir un nuevo libro que se enfocaría en nuestra obra en Ministerios Espátula, una organización de ayuda a padres que sufren, que han llegado a sus límites debido a alguna catástrofe que involucra a sus hijos. Nos gusta decir que Espátula despega a estos padres de ese límite con una espátula de amor y los coloca en el camino de la recuperación.

Muchos amigos, después de mi craneotomía, recordaron la historia de la lectora que confundió el título de mi primer libro *Geranio* y lo llamó *Siembre un geranio en su cráneo*; parecía solo natural que el siguiente libro tuviera relación con el *cráneo* e incluyera mi renuente papel como una «bailarina con cáncer». Finalmente fijamos la idea de *sembrar* un geranio en su cráneo con el subtítulo de *Semillas de gozo retoñadas en el estiércol de la vida*. Sencillamente me encanta la idea de cosas gozosas que *brotan* de las crisis ¡y que fertilizan nuestra vida!

Usted podría estar familiarizado con episodios pasados de cómo he atormentado a mis queridos amigos de W Publishing Group (antes llamado Word Publishing) con mi terca insistencia acerca de poner en los títulos de mis libros palabras que le hacen salir canas al editor, además de hacerle caer el pelo (lo cual, después de completar la quimioterapia, ya no pienso que sea cómico). Esta vez la palabra *estiércol* les cortó por momentos la respiración. Pero después de publicar una docena de mis extravagantes títulos, esta vez esos buenos chicos cedieron sin demasiado alboroto. Tan pronto fue anunciado el título, mis amigos comenzaron a enviarme comentarios y recortes de prensa acerca del estiércol.

Por ejemplo, uno de ellos me mandó una historia acerca de una legisladora de Florida que envió una bolsa llena de estiércol envuelta en papel de regalo a un miembro de un grupo de presión, para expresarle sus sentimientos acerca de la posición de él. Pensé: *Así es como me siento acerca de este cáncer. Estoy segura de que algo bueno saldrá de él, y quizás algún día podré ver el regalo que está dentro... pero ahora... ¡apesta!*

Alguien más me envió un pequeño recordatorio de que

Estamos más abiertos a Jesús en las épocas difíciles de la vida.
El abono de buena tierra nunca huele bien.

Eso me recordó lo que mi nuera Shannon ha dicho por años, que en los valles de la vida es donde crecemos, «porque allí está el fertilizante».

No solo se trata de sobrevivir sino de sobrevivir con alegría

Aunque me encanta compartir todas las manifestaciones de amor y las tonterías que me animaron durante esta terrible experiencia, no deseo hacerle creer a usted que según mi opinión el cáncer es algo sin importancia (simplemente sonría y sea feliz, y todo saldrá bien). Ciertamente, es horrible. Así que no piense que había algún valor de mi parte; yo simplemente estaba enfrentando lo que tenía ante mí.

La mayoría de las personas siguen adelante y soportan estas dificultades debido a que no tienen alternativa; solo hacen de tripas corazón y pasan por ellas. Que alguien le diga a usted que tiene cáncer no es una noticia agradable. Pero tampoco es el fin de su vida, ¡a menos que usted *decida* dejar de vivir! En muchos casos al cáncer se le considera ahora una enfermedad crónica en vez de fatal.

Controlar sus emociones, obtener información médica y enfocar la vida con una actitud positiva y llena de fe es la clave para tratar creativamente con el cáncer. Descubra la bondad y el humor en todo lo que lo rodea. No deje que cunda la desesperación. Permita que el diagnóstico de cáncer (o cualquier otra noticia impactante) sea el catalizador que lo lleve a reconsiderar tanto a usted mismo como a su relación con otros; deje que esto lo impulse a acercarse más que nunca a su fortaleza interior y a su fe. En vez de preguntar: «¿Por qué a mí?», pregúntese: «¿Qué puedo aprender de esta experiencia?»

Cuando usted tiene cáncer siente aprensión durante los meses de quimioterapia u otros tratamientos. Quizás pierda el cabello, las cejas y las pestañas; además le dan náuseas y se deprime por varios días. Sin embargo, sabe en lo más profundo de su corazón que saldrá al otro lado (la salud o el cielo) y eso le da la fortaleza para soportar. Entonces cuando lo logra, todo el mundo quiere ponerle una estrella en el pecho como si hubiera logrado alguna asombrosa proeza para la que se hubiera ofrecido como voluntario. Por supuesto, la verdad es que usted no tuvo alternativa. Nadie escogería jamás el cáncer. Pero con la ayuda de Dios simplemente soportamos; no hay medallas a la orden. Sobrevivir es tan solo una labor que se debe hacer.

Por supuesto, cualquier labor es siempre más fácil cuando se hace con alegría... y agradecimiento. A veces (cuando por ejemplo nos diagnostican una enfermedad grave) no sentimos el más mínimo agradecimiento. También es posible que sintamos vergüenza por estar tan necesitados y por tener que reconocer la ayuda que ya hemos recibido y la que necesitaremos en el futuro. No obstante, qué diferencia hace en nuestra vida si podemos sobrepasar ese vergonzoso obstáculo y agradecer por *todo*.

En realidad Dios no necesita nuestra gratitud, ¡somos *nosotros* los que necesitamos ser agradecidos! Un corazón agradecido profundiza nuestra fe y realza la calidad de nuestra vida. Por eso debemos volvernos a Dios, tanto en días soleados como en aquellos en que las tormentas y las crisis arruinan nuestra vida. Contar nuestras bendiciones es un modo seguro de enriquecer nuestro viaje diario. Cuente sus bendiciones y tesoros simples cada vez que pueda. Escríbalos y maravíllese de cuán rápido crece la lista. Desarrolle el hábito de agradecer, lo cual le llevará a una vida de pensamiento optimista.

Cuando yo recibía quimioterapia, contaba las pastillas que me exigían tomar en un período de veinticuatro horas. ¡Eran más de ochenta! Aproximadamente la mitad tenían una cubierta suave y agradable y agradecía sinceramente a Dios por esas resbalositas fáciles de tragar. Esto era algo pequeño, pero si usted busca bendiciones diminutas, las encontrará por todas partes, incluso en una colección de pastillas que se deben tomar. Cuando sus sensaciones sean crudas y su corazón esté sombrío, decida consciente y voluntariamente agradecer a Dios. Descubrirá que crece en amor a medida que crece en agradecimiento.

Billy Graham dice que Dios nos ha dado dos manos, una para recibir y la otra para dar. Cuando ambas están ocupadas, tenemos equilibrio y serenidad. Todos llevamos cargas de una clase u otra. A veces parece que estamos tan consumidos por nuestros problemas, tan necesitados e indefensos, que no podemos pensar ninguna manera de dar algo a alguien. Cuando usted alcanza ese punto, recuerde que hay algo que *siempre* puede dar: ¡Gracias!

Momentos de regocijo en el montón de estiércol

El cáncer es el foso de estiércol de la vida. Sin embargo, sé que Dios está conmigo en el foso, y que Él puede usar esa horrible masa para fertilizar mi vida con amor y esperanza, ¡además de risa!

con humor 39

El doctor William Bucholz dice que oyó por casualidad a dos médicos analizando una plática que habrían de dar en un congreso nacional de especialistas de cáncer. Uno se quejaba con amargura: «No comprendo, Bob. Usamos los mismos medicamentos, la misma dosis y el mismo programa de tratamiento. Sin embargo, yo obtengo el 22 % de recuperaciones y tú el 74 %. ¿Cómo explicas eso?»

El otro respondió: «Ambos usamos Etoposide, Platino, Oncovin e Hidroxiurea. Tú juntas las letras iniciales y le dices a los pacientes que les estás dando EPOH. Yo las junto y les explico que están recibiendo HOPE (que significa «esperanza»). Enfatizo en que tienen una oportunidad».[3]

La vida es muy sencilla: Solo consiste en aprender cómo aceptar lo imposible, cómo deshacerse de lo indispensable, y cómo soportar lo insoportable.

KATHELEEN NORRIS

INCONGRUENCIA Por Wiley

Una de mis amigas me dijo que a su hermana también la habían operado para sacarle un tumor cerebral. En cierto momento después de la cirugía su médico olvidó hablarle del resultado de un examen importante, y la hermana bufó: «Cuánto me gustaría darle a ese médico un pedazo de mi mente».
Entonces la mujer hizo una pausa y consideró dónde estaba y por qué estaba allí. «Vaya, dijo. ¡Creo que ya lo hice!»

No os sorprendáis del fuego de prueba que os ha sobrevenido, como si alguna cosa extraña os aconteciese, sino gozaos por cuanto sois participantes de los padecimientos de Cristo, para que también en la revelación de su gloria os gocéis con gran alegría (1 Pedro 4.12-13).

Esto sería divertido si no me sucediera a mí

Si todo no está perdido... ¿dónde ESTÁ?

Usar un cintillo de alambre de púas no es mi idea de la diversión... o de la moda. Por eso tan pronto como pude comencé a hacer algo al respecto: quejarme. En cierto momento mi médico, probablemente cansado de oír mis quejas una y otra vez acerca de mi cuero cabelludo espinoso, me miró directamente a los ojos y dijo con seriedad:

«Señora Johnson, no podemos sacar demasiado pronto las suturas y las grapas. ¡Se le podría caer la cara!»

¡Muy bien! Eso me hizo callar.

Luego el médico sonrió, por supuesto. Sin embargo, mi mano fue instintivamente al rostro. Lo toqué con suavidad, asegurándome que estaba muy bien conectado a mi cabeza.

Mi amigo Steve Arterburn le dio un giro más positivo a mi calva alambrada.

«Barb, tengo una idea», me dijo, intentando contar el número de grapas que unían mi rostro con la cabeza. «¡Podrías representar a un almacén de suministros para oficina!»

Mi estadía en el hospital duró más de lo que yo había esperado, pero finalmente llegó el día en que me sacaron del hospital y me metieron al auto. Luego Bill y nuestros dos hijos, David y Barney, y la esposa de Barney, Shannon, me dieron la bienvenida al volver a casa. ¡Cielos!

Qué maravilloso se siente volver a estar en ese lugar conocido, oler el agradable aroma del hogar (lo llamo *agua de rosetas de maíz,* porque Bill revienta en el microondas una bolsa todas las noches) y hundirme de nuevo en mi silla favorita. Susurré una pequeña oración de agradecimiento, apoyé mi alambrada cabeza en el respaldo de la silla, y me relajé unos cuantos segundos. Entonces ocurrió una vieja y conocida sensación: Me comenzó una picazón en los dientes.

De la lavandería a la plataforma de lanzamiento
—Bill tiene una sorpresa para ti —dijo Shannon—, con su hermoso y alegre rostro cargado de expectativas.

—¿Una sorpresa? —repliqué—, imaginando toda clase de posibilidades, desde joyas hasta añadiduras en el Cuarto de la Alegría.

Shannon me pasó una cinta de video. *Vaya,* pensé, sintiendo repentinas lágrimas de gratitud que corrían por mis mejillas, *mi familia ha juntado alguna clase de tarjetas de condolencias en video, una de esas colecciones sentimentales de «te amo» con fotos, homenajes y...*

Entonces leí la cubierta del casete. Decía algo como «Instrucciones de empleo de su nueva lavadora y secadora computarizada Maytag Neptuno». Miré a Shannon, preguntándome por qué no habían usado un casete *nuevo* para el video de homenaje en vez de grabar sobre una cinta publicitaria.

—Barb, Bill te compró lavadora y secadora nuevas —dijo dulcemente, mientras sus preciosos ojos pardos brillaban—, de último modelo. No creerás todo lo que pueden hacer. Todos sabemos la lata que te daban las viejas. Porque esa secadora a duras penas funcionaba, y la lavadora estaba que estiraba la pata. Ya ni daba vueltas. Solo gruñía y crujía.

—¿Lavadora y secadora nuevas? —pregunté.

—¡Sí! ¡Ven a verlas! —balbuceó Shannon, ayudándome a parar de la silla.

Bill y Barney estaban esperando en el cuarto de lavar detrás de dos refulgentes máquinas blancas coronadas con paneles de control complicados y computarizados. Me sentí como si me fuera a meter a la cabina de mando de un transbordador espacial.

—¡Cieeeelos! —dije, queriendo con desesperación pasar mis manos nerviosamente por la cabeza... pero me topé con la diadema de alambre de púas—. Eeeestán muy lindas. ¿Cómo funcionan?

—Para eso es el video —dijo Bill, sonriendo como un orgulloso papá—. Tienes que ver el video, te indicará cómo usarlas.

—¿Debo ver un video para aprender a lavar la ropa?

Durante casi las dos semanas de mi estadía en el hospital, a pesar de la cirugía cerebral y de tener una valla de alambre de púas implantada en mi cuero cabelludo, no había sentido nada de dolor. Ahora el murmullo de un dolor de cabeza salía amenazador desde alguna parte cercana a mi ira.

—Pe-pero, ¿dónde están mi lavadora y mi secadora *viejas*?

—Las tiraron cuando trajeron las nuevas —contestó Bill, restándole importancia con un ademán.

—¿Las tiraste? —pude oír que mi voz se convertía otra vez en una queja—. Pero, Bill, a mí *me gustaban* mi lavadora y mi secadora viejas. No me siento con ánimo de ver un video para aprender a lavar mi ropa.

—Pues no, no tienes que verlo *ahora* —dijo con un poco de mal humor—. Yo lavaré la ropa hasta que estés bien. No vas a hacer *ninguna* tarea casera por algún tiempo.

Asombrosamente, mi dolor de cabeza repentinamente desapareció.

> Las cambiaría si no fuera por todas las medias que siguen sin aparecer.

El paraíso perdido
Las cosas habían cambiado mientras estuve fuera. Los papeles que dejé esparcidos sobre mi escritorio, mi mesa de noche y detrás de mi silla estaban ahora nítidamente apilados en una estantería. La correspondencia que dejé para contestar después estaba guardada en alguna parte no visible. Propuestas de libros, faxes de editoriales y correos de Mujeres de Fe, en que había estado trabajando, estaban ahora en canastas y estantes limpios y ordenados. Mi casa lucía perfecta: limpia como un silbido y tan ordenada y organizada que Martha Stewart, la habilidosa dama en el manejo del hogar, estaría orgullosa.

Yo estaba furiosa.

Cada vez que buscaba algo y no lo podía encontrar, mi frustración crecía hasta el punto de querer halarme el cabello, de haberme quedado algo.

—¡No logro encontrar *nada!* —alborotaba, mientras mi familia corría a esconderse.

—Todo está aquí —insistía Bill—. Me aseguré que no se tirara nada importante.

—¿Entonces dónde *está?* —decía yo, echando chispas una y otra vez mientras le seguía el rastro a algún pedazo de papel muy importante.

—Te lo encontraré —me aseguraba Bill por enésima vez antes de apresurarse a salir.

La lucha hasta el fin
Finalmente me sacaron las suturas de alambre y las grapas, y mi estado de ánimo mejoró un poco. Sin embargo, aun había momentos importantes de irritación. Mientras buscaba artículos extraviados también contestaba el teléfono, el cual repicaba constantemente. Bill sugirió que deberíamos dejar prendida la máquina contestadora, y así lo hicimos; pero cuando el que llamaba dejaba un mensaje, y yo oía una voz conocida, quería hablar de inmediato con esa persona. En consecuencia Bill puso en la grabación que apreciábamos el amor y las oraciones, pero simplemente no podíamos contestar el teléfono en el momento. Y hubo quienes pasaron la voz de que los amigos no debían llamar.

«Pero yo *necesito* contactarme con mis amigas», discutí con Bill y mi familia, quienes parecían tener urgencia de que de alguna manera me metiera en una burbuja... o cayera en estado de coma.

Por consiguiente se reanudaron las llamadas. Sin embargo, llegué a cansarme tanto de repetir lo mismo: describir mi estadía en el hospital y la aterradora cirugía cerebral, mi lenta recuperación de fuerzas, el último examen postoperatorio que me realizó mi médico, todo con una dosis de comentarios mordaces acerca de la nueva lavadora y secadora computarizadas. Hubo ocasiones durante las conversaciones telefónicas en que yo quería decir: «Un momento, por favor» y conectar a la persona que llamaba con un mensaje pregrabado que daría mi último informe de salud y mi estado de ánimo actualizado.

Algunas de las llamadas, a pesar de las buenas intenciones de quien llamaba, no eran tan alentadoras. Una pareja me llamó para enviar su amor, y agregaron que tenían una amiga que había soportado la misma enfermedad hacía un año, o menos.

«Vaya», dije, «¿cómo le está yendo ahora?»

Se hizo una pausa silenciosa.

«La verdad es que no puede hablar, caminar ni ver», contestó el marido... y a continuación se apresuró a decir. «¡Pero sigue adelante contra viento y marea!»

Bien, pensé, colgando el receptor después de despedirme. *¡ESO es muy alentador!*

Permanece en la línea, por favor. Estamos tratando de establecer un récord mundial Guinness.

Sintiéndome ya debilitada y desorientada por la operación, supe que una nube aun más oscura se cernía sobre mi futuro. En un par de semanas, tan pronto como me recuperé de la cirugía, y mi presión sanguínea se logró estabilizar, enfrenté varias semanas de quimioterapia. Al recordar todas las historias que con el paso de los años he oído acerca de la quimio, me imaginé sintiéndome mal y calva, y sufriendo una tanda de náuseas y depresión de varios meses de duración.

Lentamente sentí que la Dama Geranio, cuyo trabajo de toda una vida en las dos últimas décadas había sido ayudar a otros a encontrar gozo en medio de la boñiga del potrero de la vida, se hundía ella misma en el foso de estiércol.

Palabras de ánimo

El correo originó sentimientos de ánimo... y de fracaso. Por años Bill había recogido diariamente nuestro correo en una cesta suministrada por la oficina postal. Su trabajo siempre había sido llevarlo a casa, abrirlo y enviar recibos por cualquier donación que llegara para Ministerios Espátula. Mi labor había sido contestar las cartas y responder a las súplicas de ayuda. Siempre que puedo trato de hacer una llamada telefónica o enviar una nota y responder todas las cartas que me sea posible.

Sin embargo, cuando se extendió la noticia sobre mi operación cerebral, el correo empezó a llegar a montones. En un solo día Bill trajo a casa varios centenares de tarjetas y cartas. Pero yo no me sentía bien para abrirlas ese día o el siguiente, por lo que el correo comenzó a amontonarse. A veces yo miraba las canastas de correo apiladas una sobre otra, esperando mi atención, y sentía una oleada de entusiasmo fortalecedor, sabiendo que los sobres contenían mensajes de esperanza. Otras veces veía crecer los montones de correo con una sensación cada vez más profunda de desesperación, y pensaba: *Nunca podré revisar todas esas cartas.*

Lo peor era saber que algunas de las cartas no eran de personas que me deseaban pronta recuperación. Eran de padres acongojados, que no habían oído de mi tumor cerebral y pedían ayuda para ellos, vertiendo en estas cartas su propia angustia. Estas cartas, que dejaba sin leer, eran las que más me molestaban. Por primera vez desde que comenzó nuestro ministerio me sentí incapaz de leer el correo, y peor aún, de contestarlo. Barbara Johnson, la mujer que por años había apreciado tanto el increíble don divino de una energía inagotable, no podía obtener fortaleza emocional para abrir un simple sobre. Aunque me sostenía la esperanza, de todos modos caía en el letargo.

No es tan malo como se cree

Curiosamente, casi en esa misma época un par de amigas me enviaron por fax una historia abreviada que salió en varios periódicos. Allí se describían pacientes de cáncer que pasaron por la quimioterapia y descubrieron que esta no era tan mala como habían esperado. Una de las mujeres citadas dijo: «No hubo paseos por el parque, pero aun podía trabajar, ser madre, ser esposa. Lo que tenía en mente y lo que viví eran completamente diferentes … No renuncié. La medicina era asombrosa. Más enferma estaba con la gripe. La quimioterapia no es tan mala como se cree».[1]

El artículo era animador, pero yo no estaba totalmente convencida. Me preocupaba que la quimioterapia acabara con esa pequeña fortaleza que yo había mantenido después de la operación.

Mi médico escuchó con paciencia la recitación de mis aflicciones y me dio una palmadita en los hombros.

«Está bien, Barb. Más adelante tendrás tiempo para todo el correo y las llamadas telefónicas. Ahora tu prioridad es recuperarte. Por eso te estoy dando una nueva receta, no de medicamentos sino de descanso. En las semanas siguientes debemos fortalecer tu cuerpo y lograr que sea lo más fuerte posible antes de la quimioterapia. De modo que esto es lo que quiero que hagas: Descansa mucho y haz solamente lo que disfrutes haciendo. Haz lo que *quieras* hacer (tus cosas favoritas), eso es *todo* lo que se te permite hacer».

Una falla en lo favorito

Está bien, veamos. ¿Qué cosas prefiero hacer? Me preguntaba mientras conducía del consultorio del médico a casa. Bueno, a decir verdad lo que prefiero hacer es producir nuestro boletín informativo de Ministerios Espátula. Pero ya habíamos hecho la entrega del próximo mes, y la entrega del mes que seguía también estaba a punto de concluir, de modo que eso quedaba fuera. Mi siguiente asunto favorito es viajar con mis amigas de Mujeres de Fe y encontrarme con las entusiasmadas mujeres de todo el país que se reúnen para las conferencias. Pero era obvio que no iba a viajar por el momento. *Ummm,* reflexioné mientras conducía a casa, sintiendo que mis emociones se sumían en una alcantarilla. *No va a ser fácil hacer estas cosas relajantes y favoritas.*

Cuando llegué a casa había pensado en algo insensato y maravilloso, algo que *en realidad* quería hacer. Me dirigí con resolución a la cocina, saqué del aparador una caja de cereal tamaño industrial y la tiré a la basura. Bill, mi tacaño socio, pasaba en el preciso momento en que el último copo de cereal caía en el tarro de basura.

—¿Qué estás haciendo? —preguntó, con los ojos abiertos y las cejas levantadas.

—El médico me dijo que hiciera esto —contesté.
—¿Te dijo que tiraras una caja de cereal en perfecto estado?
—Me dijo que hiciera cualquier cosa que quisiera hacer en las semanas siguientes mientras me alisto para la quimioterapia. Compramos este bidón de cinco galones de cereal en la bodega mayorista, y nunca me ha gustado. Moriría antes de comerlo, Bill. No me gusta y no quiero comerlo; el médico me dijo que hiciera cualquier cosa que quisiera, y *esto* es lo que decidí que quería hacer. Por tanto, lo hice —declaré enfáticamente, cruzando los brazos para dar más énfasis y vislumbrando mi determinada imagen reflejada en la puerta del microondas. Mi cuero cabelludo parcialmente rapado brillaba bajo la luz de la cocina. (Es muy difícil ser solemne cuando su cuero cabelludo está brillando como una farola.)
—¡Dios mío! —rezongó Bill y se dirigió a la puerta.

¡Empiezan los tratamientos!

Ahora que mis fuerzas estaban regresando, se volvía más difícil descansar. Había muchas cosas que yo quería hacer: visitar a mis amigas, contestar el correo, hacer los mandados comunes. Sin embargo, cada vez que intentaba hacer eso sentía que mi energía se evaporaba y pronto quedaba exhausta, casi tan débil que no lograba mantenerme de pie. En resumidas cuentas, cedí ante las órdenes médicas de cerrar las cortinas, desconectar el teléfono, y tenderme en la cama. Fue una sensación muy agradable.

BUCKLES Por David Gilbert

Finalmente los médicos declararon que estaba suficientemente fuerte para comenzar la quimioterapia. ¡Qué mezcla de emociones surgió en mi interior al absorber la noticia! Esto seguramente se relaciona con las sensaciones que el pavo de Acción de Gracias tendría si supiera por qué lo están engordando a principios de noviembre. En esencia se me decía que ahora era lo suficientemente saludable para llenar mi cuerpo de venenos. ¡Viva!

Los preparativos comenzaron setenta y dos horas antes del primer tratamiento de quimioterapia. Cuando el médico describió el régimen que debía seguir, no podía creer lo que oía. Cada tres horas durante toda la noche tenía que beber trece onzas de agua y tomar seis pastillas.

—¡Cada tres horas! ¡No puedo hacer eso! —protesté—. Además odio tomar pastillas.

—Sí puedes hacerlo —interrumpió Bill—. Yo te recordaré. ¡Sí lo harás!

—¡Dios mío! —suspiré, dirigiéndome a la puerta del cuarto.

De modo que comenzamos. Bill puso en un tarro de pasteles el equivalente de veinticuatro horas de pastillas. Luego puso el despertador a horas específicas y aparecía cada tres horas al lado de mi cama con el tarro y una medida exacta de agua fría en un vaso. Después compró una caja de agua embotellada, que mantenía junto con el tarro de pastillas a su lado de la cama durante la noche. Cada tres horas me despertaba suavemente, destapaba el agua embotellada y se sentaba a mi lado, vigilándome para asegurarse que yo tomara todas las píldoras y cada gota de esas trece onzas de agua.

—No tienes que vigilarme —le dije malhumorada.

—Vaya que sí —respondió firmemente—. Tienes que tomar trece onzas de agua y tomar todas esas pastillas, y me voy a asegurar que lo hagas.

Bill, decidí que no quiero hacer esto —le dije tarde en la segunda noche, después de treinta y seis horas de beber agua sin parar y de tragar pastillas cada tres horas—. Decidí que solo quiero dormir y olvidarme de las pastillas. Olvida la quimioterapia. Solo quiero dormir.

—No, no lo harás —se erizó—. Te tomas estas píldoras y bebes esta agua, y en tres horas más lo haremos de nuevo.

Bill, un antiguo capitán de la marina, puede tener una presencia muy autoritaria cuando no es un adorable osito de peluche. Yo casi hacía una venia y le gritaba: «¡A la orden, mi capitán!», antes de tomar con aire taciturno el frasco, sacar la última tanda de pastillas, aventarlas en la boca, y engullir el agua. Podía sentir y oír el líquido haciendo ruido en mi estómago mientras caminaba hacia el baño, mi cuartel general permanente durante este régimen.

¿Qué estoy haciendo aquí?

Después de una eternidad de tragar pastillas y beber agua, llegó el día de mi primer tratamiento de quimioterapia. Esa mañana durante mis oraciones hojeé la Biblia en busca de un pasaje bíblico inspirador para llevar conmigo. Escogí como mi versículo de compañía las antiguas e inspiradoras palabras de Josué:

> Mira que te mando que te esfuerces y seas valiente; no temas ni desmayes, porque Jehová tu Dios estará contigo en dondequiera que vayas.[2]

Como para resaltar esa promesa, sucedió que mis ojos se posaron en un par de cartas que yacían sobre mi escritorio. Una de ellas era de mi amiga Debbie Wickwire, enviada por fax. Ella escribió:

> Me fui a dormir anoche y desperté esta mañana orando por ti. Estoy viendo a Jesús sentado al lado de tu silla de quimio...

Cuando hace tiempo mi vida estuvo en el foso de estiércol comencé a coleccionar chistes cómicos y fotos para levantar mi espíritu. ¡La colección comenzó en una caja de zapatos y luego tuvo su propia construcción adicional en nuestra casa! Ese es mi Cuarto de la Alegría, y paso en él mucho tiempo absorbiendo el amor y la diversión que he almacenado con el paso de los años.

Cuando fue diagnosticado mi cáncer, la colección del Cuarto de la Alegría se agrandaba a medida que mis amigos me enviaban las divertidas tiras cómicas y los levantadores de espíritu que sabían que yo imploraba. En esa mañana antes de mi primer tratamiento de quimioterapia dispuse un momento para mirar a través del último montón de tontas ocurrencias y sensiblerías que conmueven el corazón. Montando guardia sobre los últimos arribos había una pequeña figura cómica de cerámica, una alegre damita Geranio vestida con bata de hospital, con la cabeza afeitada y el cuero cabelludo entrecruzado con varias equis, que representaban las puntadas y grapas que habían sostenido mi cara, según mi médico. Una amiga la hizo para mí después de ver las fotografías de mi peinado postoperatorio en el hospital.

Otra amiga, conociendo mi pavor por los tratamientos de quimioterapia (a pesar de los informes noticiosos de que sus efectos colaterales ya no eran muy crueles), me recordó las palabras de Jesús relacionadas con la gran comisión:

Estas señales seguirán a los que creen... y si bebieren cosa mortífera, no les hará daño.[3]

Otro escritor me recordó que ahora mi trabajo era sencillamente abrazarme de la protección y gracia afectuosa de Dios:

Tu parte es solo descansar en los cariñosos brazos de Dios.
Como dijera Corrie ten Boom: «No luches, solo recuéstate».

¡Qué imagen consoladora! Y justamente debajo de esa nota había otra de un amigo que decía: «Barb, ¿no es Dios maravilloso? ¡Él tiene una muesca de ti debajo de sus alas!» Ese pensamiento me recordó la ocasión en que Bill y yo hicimos reservaciones en el hogar turístico Mennonite. La carta que nos respondieron decía al final: «Bajo las mismas alas». Reflexionando ahora en la idea de acurrucarme en los brazos del Padre, haciendo una muesca de mí misma bajo sus alas, pensé: *Cuán cierto es. Él nos junta bajo sus alas como una gallina reúne a sus polluelos para darles protección y descanso.*

Al recostarme en la silla de mi escritorio absorbí las palabras de consuelo, y repentinamente mi corazón se llenó de gozo, incluso mientras me preparaba para esta pavorosa experiencia. He aquí un ejemplo de las notas humorísticas con que me recreé ese día:

Barb, ¡no pierdas el ánimo! ¡Mantén el mentón en alto! (En esto tengo experiencia, mi nieto me dijo el otro día que en parte soy iguana.)

Barb, puesto que también tú has sufrido una operación cerebral, me gustaría darte la bienvenida a los verdaderos genios de EE.UU. Hace doce años me dijeron que tenía un tumor cerebral ... Resultó ser una vena que esparcía sangre sobre el área de grandes pensamientos en mi cerebro. ¡Qué descanso! Como le informé al médico, no tengo grandes pensamientos, ¡y de todos modos nunca usaría esa parte de mi cerebro!

Que la salud perfecta te persiga, Barb, ¡y te pase!
B.N. Kurged (mantén el ánimo).

Cuántas veces he recordado la ocurrencia de tu libro acerca de alguien que estaba practicando para el arrebatamiento y fue al patio trasero para saltar en un trampolín. (No puedo hacer eso. No hay trampolines disponibles y mi vejiga gotea.) ... Barbara, ¡eres una de las siete maravillas del mundo! ... ¡Dios te bendiga! ¡Siembra un geranio en tu pañal ... y muérete de risa.

Aun tengo la pequeña piedra de cristal azul que me diste. Está un poco golpeada por el triturador de basura, pero aun brilla y me hace recordarte.

Tengo para ti una canción en el corazón y una sonrisa en los labios... Ayer estaba limpiando la chimenea y una astilla me atravesó el dedo de lado a lado. Mi médico familiar no pudo sacarla, así que debí ir al hospital. Me encontraba muy avergonzada, cubierta de hollín de pies a cabeza. Sentada allí en el hospital, toda avergonzada, comencé a reír, pensando en qué harías tú en esta situación. Entonces empecé a orar por cada persona en esa sala. ¡Gracias, Barb!

La dama del humor
Tiene ahora un tumor
Pero sé que no la derrotará.
Su Buen Pastor la cuidará
Y doquiera que Él la enviara a ella
¡En el cielo ya tiene una estrella!

Barb, ¡Estoy orando porque Dios «toque tu cabeza»!

Luego vi la pequeña insignia que alguien había dejado en mi mesa de libros mientras se realizaba en Atlanta el congreso de Mujeres de Fe. Era metálica, pero asemejaba un lazo de cinta, entrecruzado, como los alfileres rosados conmemorativos del cáncer de mama. Sin embargo, esta insignia era gris. La mujer era una sobreviviente de cáncer de treinta y nueve años de edad. Ella pegó esta nota al obsequio:

Hace cinco años me diagnosticaron un tumor cerebral maligno. Fue el día antes de que mi hijo menor cumpliera dos años. Nunca sentí desesperación, aun cuando el cirujano dijo que «nadie sobrevive» a esta clase de tumor cerebral. ¡Él no me conocía ni conocía a mi Dios! Esta es una insignia que recuerda el tumor cerebral: gris por «materia gris». ¡Recupérate, Barb![4]

Luego vi mi nota favorita. Llegó a mi casa un día después de la llegada de un ramillete de flores de funeral; al día siguiente llegó en el correo una nota de condolencia, que decía: «¡Felicitaciones! El Señor te está llamando a su hogar ... te extrañaremos ... pero donde estés va a ser una honra». ¡La pobre mujer estaba tan avergonzada cuando supo más tarde que en realidad no se suponía que yo muriera muy pronto, que casi se muere!

Fue tan divertido leer todo ese correo humorístico, que casi se me hizo tarde para mi cita de quimioterapia.

Risas en la sala de quimioterapia

El centro de quimio ocupaba un gran espacio dotado de varias salas con cómodas sillas, toda clase de accesorios IV y otros aparatos, además de alegres enfermeras y miembros del personal que servían galletas ... y daban ánimo. En cada silla había una persona con rostro solemne (la mayoría mujeres), adormecida o mirando fijamente a la pared mientras las enfermeras iban de aquí para allá, ocupándose del flujo de líneas y revisando las bolsas IV. Al instante me impactó que todos en la sala o eran calvos o usaban una peluca o alguna clase de sombrero.

Cuando una bondadosa enfermera me llevaba a mi silla me dio un impulso incontenible de echarme a reír o de deshacerme en lágrimas. Quise gritar: «¿*QUÉ ESTOY HACIENDO AQUÍ?*» La escena era tan aterradora como ridícula, pero no estaba segura de por qué. Más tarde comprendí que se debía a que la peluca de cada una estaba ligeramente (o más que ligeramente) torcida. Los cerquillos se habían corrido un poco hacia el este o el oeste, de modo que las partes centrales parecían más diagonales. Los estilos más cortos y encrespados tendían a deslizarse hacia atrás, dando seriamente la impresión de que quienes las usaban tenían entradas.

Enseguida, al recordar mis propios esfuerzos de esa mañana para mantener recta mi peluca, comprendí la razón. Para usar una peluca usted debe sujetarla con horquillas a su cabello natural. Y por supuesto, ¡ninguna en el salón tenía pelo! (Bueno, en realidad yo tenía un poco. Mi pelo no se cayó del todo, pero con la mitad frontal afeitada no me quedaba más alternativa que usar REALMENTE corta la mitad trasera.)

Después de adaptarme a la silla de quimioterapia y de que la enfermera me hubiera enganchado al aparato utilizado para la infusión, le comenté a la dama sentada en la silla del lado que necesitaríamos un invento que ayudara a las pacientes de quimio a mantener rectas sus pelucas.

—Pantimedias —dijo confidencialmente.

—Quiero decir para evitar que nuestras PELUCAS se resbalen —expresé, segura de que me había interpretado mal.

—Lo que mejor resulta para mí son las pantimedias —dijo de nuevo, sonriendo alegremente.

Yo solo sonreí y asentí, suponiendo que el tumor cerebral de la mujer era un poco más avanzado que el mío.

—Usted corta las piernas y usa la entrepierna sobre la cabeza como una gorra —replicó al ver mi mirada escéptica—. Esta se ajusta bien, y así puede adherir su peluca a las pantimedias.

—Vaya —dije, sonriendo por mi ocurrencia—. Entonces tengo una idea. Podemos hacer de esto un negocio. Recojamos entrepiernas de pantimedias viejas y vendámoslas como gorras para adherir pelucas.

(Más adelante una amiga sugirió incluso un nombre para nuestra empresa: ¡Entrepiernas Quimio!)

Allí en el salón de quimioterapia soltamos la carcajada tan fuerte que despertó a algunos otros pacientes cuyas sonrisas parecían haberse fundido debajo de su miseria. Yo no estaba segura por qué, pero en ese instante recordé un par de historias divertidas de amigos.

Una era de David Jeremiah, quien también sufrió una operación debido a su ataque de linfoma. Dijo que dos amigos habían volado toda la noche desde California para estar con él y su esposa antes de la cirugía en la Clínica Mayo. Exactamente antes de que lo llevaran al quirófano se reunieron para orar, pidiéndole con urgencia a Dios su poderosa protección en la experiencia que se avecinaba.

Entonces una enfermera entró al cuarto del Dr. Jeremiah y le ordenó que se pusiera un par de calcetines protectores antes de que comenzara la operación, para evitar coágulos de sangre y mejorar la circulación. Por lo tanto allí estaban, ayudando al Dr. Jeremiah a contornearse dentro de las medias protectoras, algo que nunca antes había hecho y, me imagino, que no esperaría hacer de nuevo. Pasaron solo uno o dos segundos antes de que el sombrío estado de ánimo se suavizara por las risitas nerviosas que estallaban mientras el fornido individuo se contorneaba en las estrechas medias. Luego las risas se volvieron carcajadas cuando los amigos empujaban y halaban, y él se retorcía y se escurría dentro de los calcetines protectores.[5]

No sé exactamente por qué, pero la otra historia cómica que recordé ese día fue una que mi amiga Joyce Heatherley solía contar acerca de una querida mujer que vivía en un pueblo pequeño. En un fresco y hermoso día primaveral, ella decidió dejar su auto en casa y hacer sus mandados a pie. Pasó todo el día en el sector comercial del pueblo, caminando de un lugar a otro. Pagó su cuenta de luz y luego la de teléfono, fue a la oficina postal, almorzó en una cafetería, y se detuvo en el supermercado antes de dirigirse a casa.

Fue cuando la mujer estaba haciendo cola en la caja que se le acercó a saludarla una amiga. Intercambiaron cumplidos y entonces, después de darse un abrazo, su amiga se volvió suavemente y le dijo: «Tienes algo que *cuelga* en tu espalda». La mujer estaba usando uno de esos abrigos de lana con pequeños rizos, y algo colgaba de los rizos de la espalda. ¡Era su brasier sucio!

No estoy segura qué me hizo pensar en esa historia particular ese día en el salón de quimioterapia, a no ser tal vez el pensamiento de que si todas comenzábamos a usar entrepiernas de pantimedias en nuestras cabezas, quizás entonces el que nuestra ropa interior bastante usada colgara de nuestras espaldas podría ser fácilmente el paso siguiente hacia la depravación.

Cuando yo conducía más tarde a casa tuve que sonreír al recordar las carcajadas que solté con la dama cuya silla de quimio estaba al lado de la mía. Luego recordé el fax de mi amiga Debbie esa mañana: *Estoy viendo a Jesús sentado al lado de tu silla de quimio...*

«Gracias, Señor», susurré, «por devolverme mi burbuja de gozo en el más inverosímil de los lugares. Así es como eres tú, Jesús, que cambias mi temor en alegría. Por favor, utilízame como usaste a esa mujer que se sentaba a mi lado esta mañana. Ayúdame a dar a alguna otra persona temerosa el don de la risa durante esta jornada a través de mi tratamiento de cáncer».

Poco después de que mi compañera en el salón de quimio y yo analizáramos nuestra idea comercial de las entrepiernas de pantimedias, una amiga me envió un poco de masilla adhesiva, el material que se usa para pegar avisos en la pared.

«Oí que estabas teniendo problemas para mantener recta tu peluca», bromeó. Al principio pensé en sugerirte goma de mascar, pero luego pensé que esto era menos sucio.

¡Probablemente mi amiga temía que se me olvidara mi peluca y saliera a la calle solo con una entrepierna de pantimedias en la cabeza!

A propósito de pelucas

En el salón de quimio fue tan divertido pensar en esas tonterías acerca de pelucas, que yo quería otra ración. Entré deprisa a casa, rebusqué en cajas de notas surtidas, en las historietas del Cuarto de la Alegría, y recopilé la colección en una carpeta que titulé «Maravillas acerca de Pelucas». He aquí algunas de mis historias favoritas, que me enviaron mis amigas:

> Cuando pasé por el cáncer usé una peluca, la que aun usaba más tarde cuando me hicieron una operación de tobillo. Una de las damas de nuestra iglesia se ofreció a ayudarme al salir del cuarto de recuperación. Me puso la peluca, y cuando me levanté para ver si estaba bien, exclamé:
> —Irene, la pusiste al revés.
> —¿Estás segura? —dijo.
> —Sí —respondí—. ¡No uso el cerquillo hacia *arriba*!

¡Le digo a todo el mundo que me alegro de que mi amiga no hubiera intentado ponerme mi dentadura postiza!

Después de una serie de quimioterapia y cirugía, yo salía del consultorio de mi cirujano donde me habían dado la noticia de que necesitaría al menos una serie más de quimioterapia. Mi esposo empujaba mi silla de ruedas y yo me sentía un poquito triste. Mientras esperábamos solos él se inclinó para alejar la pena. Al levantarse sentí una corriente de aire frío sobre mi calva. Cuando lo miré para ver qué estaba haciendo, allí colgaba mi pelo, adherido al botón de su camisa. Pues bien, arranqué mi cabello de su pecho, salté de esa silla, y salí corriendo hacia el baño más próximo... Sí, deberíamos tener un mejor sentido del humor... ¡porque seguramente Dios lo tiene! (Moraleja: No sientas pena de ti misma, cuando tienes mucho de qué estar agradecida.) Ahora no tengo cáncer, y espero el momento en que puedas decir lo mismo.

Una de mis ayudantes envió esta nota de una mujer que se había detenido en mi mesa de libros en el congreso Mujeres de Fe: «Barb, sabes cómo son de calurosas estas pelucas. Un día yo manejaba del trabajo a casa y me detuve en un semáforo. Estaba tan cansada y tenía tanto calor que sin pensarlo mucho agarré la peluca y me la quité. Entonces miré a un lado y observé, en el auto detenido al lado del mío, a un hombre que cuidadosamente trataba de meter los ojos otra vez en sus cuencas. Creo que asusté tanto al pobre tipo que casi se vuelve loco».

Y luego alguien me envió una GIGANTESCA peluca de payaso. Sobresalía como treinta centímetros por sobre la cabeza. Yo reía a carcajadas cada vez que me la ponía, pensando en lo divertido que sería aparecer en varias reuniones de amigos usando esa peluca.

La sanidad y el humor
Tener cáncer no es divertido. Tanto la cirugía cerebral como la quimioterapia son dolorosas. Los interminables exámenes, las ecografías y las citas médicas no son motivo de risa. Ser separado de sus amigos, interrumpir su carrera (su vida), sentirse cansado y enfermo, vislumbrar el final de sus días en la tierra... todas esas son razones de por qué el cáncer y otras enfermedades que amenazan la vida pueden ser tan devastadoras. Y sin embargo... aun allí, la risa puede surgir burbujeando de las profundidades del estiércol de la vida.

Cuando me diagnosticaron cáncer por primera vez, el médico me dio un diario para registrar mi viaje por ese territorio desconocido. Admito que algunas veces he registrado mis pensamientos como si los escribiera bañada en lágrimas. Pero allí también está registrado el gozo; y estoy disfrutando una relación más íntima con Aquel que está haciendo este viaje conmigo, sentado en la silla de quimio que está a mi lado, escuchando las oraciones que llegan ahora con un poco más de frecuencia. Una amiga lo describió así en otra carta acerca de la quimioterapia y el cabello:

Realidades de la quimioterapia y el cabello...

1. Sí, en la parte posterior crece rizado. ¡No creerás cuán rizado!

2. Luego se vuelve rebelde.

3. Algunas veces se encrespa.

4. Entonces comienza a alisarse de repente.

5. Después descubres que ha vuelto a la normalidad pero más grueso, más fuerte y cambiado.

6. Dios utiliza tu cabello como una parábola para mostrarte los beneficios del viaje.

Barbara, no quisiera tener que volver a hacer ese viaje, pero no habría cambiado la experiencia por nada, porque en ella vi el rostro del Señor. Él está allí.

La nota de mi amiga me recuerda lo que escribió David Jeremiah en su libro *Una curva en el camino:* «Las crisis nunca nos dejan como nos encuentran. Quienes amamos a Dios y confiamos en Él en los peores momentos (quienes estamos receptivos a lo que Él podría estar tratando de enseñarnos) descubrimos, cuando la calma reemplaza a la tormenta, que nuestro corazón ha cambiado».

El cáncer es una tormenta que transforma los suaves mares de nuestra vida en tempestades huracanadas. Pero Jesús está en el barco con nosotros, y Él es lo único que necesitamos, como lo proclaman las consoladoras palabras del antiguo y maravilloso himno:

> *Justo cuando lo necesito,*
> *Jesús muy cerca está.*
> *Justo cuando titubeo,*
> *Justo cuando tengo temor;*
> *Listo para ayudarme,*
> *Listo para animarme,*
> *Justo cuando más lo necesito.*[6]

David Jeremiah escribió: «La única *salida* es hacia *arriba*. No importa cuál pueda ser el problema, no importa que el problema nos pueda atrapar, hay solamente un camino a la seguridad. La única esperanza es llegar más allá de nosotros mismos hacia Alguien más fuerte que nosotros, y más fuerte que las ataduras que nos envuelven. Solo Uno puede llenar ese requisito».

Otro amigo lo dijo así:

Cuando Dios pone una carga en nosotros,
Pone sus brazos debajo de nosotros, nos levanta y nos consuela.

Por supuesto, siempre hay alguien que hará un chiste, como una dama que me escribió:

El Señor no nos da más de lo que pueda soportar la fortaleza que nos proporciona.
  Sin embargo, ¡a veces quisiera que no tuviera tanta confianza en mí!

Un mensaje tranquilizador

W Publishing Group mantiene el sitio Web thegeraniumlady.com y me pidió que en medio de mis tratamientos de quimio enviara una pequeña actualización para que todos supieran cómo me estaba yendo. Este es el mensaje que envié:

La estoy pasando bien. En las últimas semanas he sobrevivido a la primera serie de quimioterapia y ahora estoy en la etapa de recuperación. Hace poco leí la siguiente oración que verdaderamente explica cómo me siento:

  «Dios, dame paciencia. Pensé que había concluido la carrera, pero veo que aún hay varios kilómetros por recorrer. Ayúdame a estar agradecida por cuán lejos he llegado. Gracias porque aún continúas sanándome por dentro y por fuera. Amén».

Aprecio sus pensamientos, sus oraciones, y hasta el ramillete de flores de funeral que por equivocación me enviaron a casa el otro día. No, ¡aun no estoy muerta!

Sé quién soy.

Sé dónde estoy.

Y sé que Dios me sostiene en la palma de su mano...

¡Él aun está en el trono!

Momentos de regocijo en el montón de estiércol

Deja que el viento te acaricie el cabello...
mientras aun tengas alguno.[7]

Mientras yo me despreocupe y deje que Dios se encargue, sé que conseguiré *guianza* en mi vida ...cuando dejo que Dios tenga el control.[8]

AVENTURAS DE LA VIDA REAL   **Por WISE y ALDRICH**

SÍ, YO TAMBIÉN SOLÍA ESTAR OBSESIONADO CON ENCONTRAR CABELLOS EN EL LAVABO CADA MAÑANA... HASTA QUE COMENCÉ A NO ENCONTRAR NINGÚN CABELLO EN EL LAVABO CADA MAÑANA.

No sabes lo que has perdido hasta que lo pierdes.

Si puedes comenzar el día sin cafeína ni estimulantes,
Si puedes estar alegre, olvidándote de achaques y dolores,
Si puedes resistir a las personas quejumbrosas con sus problemas,
Si puedes comprender cuando tus seres queridos están
    demasiado ocupados para darte tiempo,
Si puedes enfrentar el mundo sin mentiras ni engaños,
Si puedes dormir sin la ayuda de medicamentos, entonces...
¡probablemente eres un perro![9]

Recuerda: Tú *no* eres Martha Stewart. Y lo más probable es que ella no esté por ir pronto a tu casa.[10]

El sufrimiento está en todas partes. Ni siquiera pienses que no es así. Igual sucede con los milagros. Ni siquiera pienses que no existen.[11]

Un pesimista es alguien que se siente mal cuando se siente bien, por temor de sentirse peor cuando se sienta mejor.[12]

Una mujer fue a donde el médico para obtener el resultado de un chequeo.

—Le tengo una noticia buena y una mala —dijo el médico—. ¿Cuál quiere primero?

—La buena —contestó ella.

—Le quedan veinticuatro horas de vida.

—¡Dios mío! —replicó la mujer—. ¿Es esa la *buena* noticia? Entonces, ¿cuál es la mala?

—La mala noticia —contestó el galeno—, es que debí haberle dicho eso ayer.

Es muy difícil decir lo que trae felicidad. Tanto la pobreza como la riqueza fracasaron.[13]

Las Biblias que se destruyen generalmente pertenecen a personas que no lo hacen.[14]

El que mora en los cielos se reirá (Salmos 2.4).

Me reiré de esto si no me mata

Advertencia: Tengo disposición, y sé cómo usarla

Después de varias semanas de quimioterapia regresé al consultorio del oncólogo para otro chequeo. Luego de soportar media docena de tratamientos aún no me era claro cómo estaba obrando la quimioterapia. Por consiguiente pregunté al médico:

—¿Qué está pasando con el tumor?

—Se está derritiendo —respondió con una sonrisa tranquilizadora.

—¿Derritiendo? Pero, ¿a dónde se va cuando se derrite?

Detesto parecer tonta, pero en realidad quería comprender lo que estaba pasando con esa fastidiosa burbuja.

—Bueno, se derrite, y entonces tu cuerpo... elimina los residuos —el médico hizo una pausa, y luego continuó—. Barb, piensa sencillamente que es como... ¡si tuvieras un tumor en tus bombachos!

Cuando el médico palmeó mi hombro y rió, yo también reí, agradecida por un doctor que también tenía mi chiflado sentido del humor.

Afortunadamente son cada vez más los médicos que practican tanto el humor como la medicina, gracias en parte a investigaciones que prueban el valor de la risa en el tratamiento de enfermedades y en la promoción de la salud. Un informe declaró: «Los médicos e investigadores en todo el mundo han descubierto que la risa, de por sí una actividad agradable, es buena para su salud y puede ser una herramienta eficaz en el tratamiento de una amplia gama de enfermedades».[1] La idea recibió un gran estímulo cuando hace años la película *Patch Adams* narró la historia verídica de un joven médico chiflado que trataba a sus pacientes con amor y risas, yendo aun tan lejos como para abrir su propia clínica llena de humor, el Hospital Gesundheit, en Virginia Occidental.

Hoy día otro grupo está estudiando el modo de aprovechar películas de comedias clásicas como herramientas de sanidad. El estudio lo dirige un ejecutivo de comedias televisadas y dos médicos de la Universidad de California en Los Ángeles (UCLA) con un «equipo ideal» de consejeros: Los hijos adultos de Charlie Chaplin, Harpo Marx, W.C. Fields, y Lou Costello. Bill Marx, el hijo de Harpo, compartió una de las lecciones que aprendió de su famoso padre: «Cuando tienes sentido del humor, automáticamente tienes una opción en tu punto de vista de la vida. Papá siempre me decía: "El sentido del humor es la única arma con que naciste"».[2]

Otros investigadores de la UCLA están buscando maneras de utilizar la televisión humorística y cortos de películas para reducir el dolor. Un informe dijo que el estudio estaba investigando esta hipótesis: «¿Qué pasa si algo que te hace sentir bien logra hacer que dejes de sentirte mal?».[3]

Mientras los especialistas están haciendo estos estudios serios acerca del humor, usted y yo podemos continuar con nuestra alegría, riendo en toda oportunidad. Por ejemplo, el mismo día en que el médico y yo reímos acerca de dónde iba a parar mi tumor desvanecido, me reí otra vez mientras conducía a casa, cuando mis ojos captaron un enorme anuncio en la ventana de una florería. Haciéndole publicidad a sus hermosas flores frescas, el anuncio del negocio proclamaba:

¡Lo hemos bajado todo por usted!

En estos tiempos turbulentos todos necesitamos grandes cantidades de humor solo para vivir cada día, no importa qué desafíos enfrentemos. La risa nos da el estímulo que necesitamos para continuar, ya sea que estemos combatiendo el cáncer, acorralando niños o recorriendo un país. El ex senador Bob Dole dijo en una entrevista reciente: «Apoye únicamente a la columna vertebral, cada presidente necesita un apoyo unilateral». La risa, dijo Dole, nos da a todos «una válvula de seguridad emocional», «una sensación de proporción», y «un antídoto para las lágrimas».[4]

A la caza de la risa

El sentido del humor es un componente primordial de una vida llena de gozo y optimismo. C.S. Lewis escribió acerca de ser *Sorprendido por la alegría*, pero yo descubrí que esperar que la alegría me sorprenda me lleva más paciencia de la que suelo tener. Personalmente prefiero buscar la alegría, perseguirla y estar constantemente alerta para encuentros humorísticos con gemas contagiosas de gozo. Esta es una decisión deliberada que hago cada mañana mientras le recuerdo a Dios sus promesas llenas de su gozo para mí. Por supuesto, Él no necesita oír estos recordatorios, ¡pero yo sí los necesito a veces!

> *Gracias Señor por este nuevo día. Tú has dicho que cambiarás mi lamento en baile y que me vestirás de gozo. Has prometido ungirme con óleo de alegría, llenar mi copa de gozo hasta que rebose, y en todas mis tribulaciones darme un gozo sin límites.*
>
> *Pues bien, Señor, acepto. Solo dispón el gozo, querido Jesús, y sé que lo encontraré aunque me cueste algún esfuerzo, porque tu gozo es mi fuerza, y te lo estoy pidiendo en tu nombre. Amén.*[5]

Muchos de nosotros *debemos* esforzarnos para encontrar gozo en el mundo que nos rodea. Debemos mantenernos *buscándolo* en lugares insólitos. En alguna parte leí acerca de una actriz que se esforzaba constantemente para tomar esta decisión. Según el artículo, la actriz Catherine Deneuve decía que «cultivaba deliberadamente el placer porque no era una persona naturalmente feliz». El entrevistador observaba que «al tomar en serio el placer, ella podía reorientar su brújula interior y cambiar sus sentimientos, sus pensamientos y finalmente todo su estado de ánimo».[6]

Qué diferencia puede hacer un estado de ánimo optimista y feliz en nuestro día, ya sea que nos enfrentemos a un salón repleto de estudiantes, a una oficina llena de colegas sumamente presionados, o a otra mañana en la sala de quimioterapia. Un investigador llamó «optimismo aprendido» a esta manera de decidir deliberadamente ser feliz, y descubrió que «los optimistas resisten mejor la depresión, las infecciones y las enfermedades crónicas».[7] Al haber luchado contra un par de enfermedades crónicas, ¡estoy totalmente a favor de encontrar maneras *divertidas* de resistirlas!

El gozo de Jesús

Es necesario reconocer que no siempre es fácil descubrir el gozo que Dios ha sembrado en cada nuevo día. Es como el niñito que rebusca ansiosamente en el gran montón de estiércol, seguro de encontrar allí un poni en alguna parte. ¡Cuando usted está metido hasta el cuello en el pozo negro le es difícil apreciar todo el fertilizante que está absorbiendo! Sin embargo, finalmente algo tonto aterriza frente a usted, viene la risa, y lo siguiente que sabe es que está rodeado por un jardín hermoso y bien abonado.

Un correo electrónico que me enviaron al sitio Web de Mujeres de Fe expresa así esta idea:

> Barb, durante muchos años he reído contigo. Ahora estoy orando por ti. Busca cada día las bendiciones del momento. El Señor manda muchas «alegrías» desde el alba hasta el anochecer, incluso en medio de la quimioterapia. Él nos ayuda a despertar y a estar conscientes de ellas cuando se lo pedimos. Mi oración por ti es «que Dios intensifique tu conciencia de las alegrías que manda especialmente para ti momento a momento».

Al leer esta nota pensé en una «alegría» que me sucedió el año pasado. Yo había ido al salón de belleza para hacerme arreglar el cabello (¡eso, por supuesto, ocurrió cuando tenía cabello que arreglar!). La estilista había extendido sobre mí una enorme capa de plástico con otra capita más pequeña debajo. La capita parecía de encaje, pero en realidad también era plástica. Cuando la estilista terminó, quitó la capa plástica y me fui. Hice algunas cosas antes de dirigirme a casa, y solo cuando completaba mi *última* parada alguien me dijo:

«¿Va usted a una boda?»

«¿Qué dice?»

La vendedora se aproximó a mi hombro y tomó con cuidado la capita blanca en forma de encaje que aún me cubría los hombros. La estilista había olvidado quitarla, ¡y la había usado en tres almacenes distintos antes de que alguien finalmente me preguntara por ella! Tan solo pensar en ese incidente me hace reír otra vez.

—Muy bien Señor Hanson, aquí tengo los resultados de sus exámenes...

Cómo cultivar el gozo

Cuando cultiva deliberadamente una actitud mental alegre, esta pronto florece en una señal externa de su carácter inspirado por Dios. Se siente inundado de la clase de gozo profundo y satisfactorio que Pablo describe como «el fruto del Espíritu» en Gálatas 5.22. Esta es la clase de alegría que pide ser compartida. Seguramente por eso Jesús ordenó a sus discípulos «que os améis unos a otros, como yo os he amado»[8], y les explicó: «Estas cosas os he hablado, para que mi gozo esté en vosotros, y vuestro gozo sea cumplido».[9]

Esta es una prueba viva: El gozo de Jesús ya ha sido plantado en nosotros. ¡Ya está allí! Créame, ese gozo del Señor no es algo superficial o sin sentido. Por el contrario, como escribió un clérigo, este tipo de gozo «es a menudo sobrio, tranquilo y profundo. No se desplaza fácilmente por estados de ánimo pasajeros o por el fluir y refluir de los acontecimientos. Transmite una sensación de estar firmemente enraizado a pesar de (o incluso debido a) las ... cosas difíciles que están entretejidas en el material de nuestra vida. Puesto que el gozo es la obra del Espíritu en nosotros, crece en nosotros en la confianza, valor y conciencia del Cristo resucitado».[10]

Para mí esta idea de que Jesús nos ha dado su gozo llegó hasta mi casa cuando alguien me escribió:

> Barbara, gracias por tu sentido del humor, o tal vez en realidad yo debería agradecer al Padre por eso, ¡porque seguramente debes haberlo heredado de Él! ... Cuídate, mantente riendo, y recuerda: No es una manzana al día lo que mantiene alejado al médico, sino la risa.

Otra mujer escribió:

> Tú eres la prueba viva de que Dios tiene sentido del humor (¡toma eso como lo prefieras!)

Crea esto: el gozo de Jesús está en mí ... y en usted también. A veces solo es necesario abonarlo y cuidarlo para que crezca. ¡Y qué bendiciones trae cuando retoña!

Solo de pensar en esa imagen de pequeños semilleros de gozo que brotan de los fertilizantes de la vida, recuerdo una divertida nota que otra amiga puso en una tarjeta en que me deseaba una pronta recuperación. Ella había leído un poco acerca de todas las habilidades que necesitan las madres, incluyendo la de arreglárselas con los niños que les gusta meterse objetos en la nariz. Mi amiga escribió:

Cuando yo era niña me metí un frijol en la nariz. Era un fin de semana festivo, y no podíamos encontrar un médico. ¡cuando fue removido, el frijol había *retoñado!* ¿Supones que yo estaba intentando hacer crecer el tallo de frijol para Jack?

Bendiciones inesperadas

Cuando pienso en las bendiciones que brotan en lugares inesperados de nuestra vida, recuerdo la conversación entre dos discípulos de Jesús. El Maestro había llamado a Felipe a ser uno de sus seguidores, y él quería compartir la experiencia con su amigo Natanael, a quien dijo:

—Hemos hallado a aquel de quien escribió Moisés en la ley, así como los profetas: a Jesús, el hijo de José, de Nazaret.

—¿De *Nazaret* puede salir algo bueno? —se mofó Natanael.

—Ven y ve —le dijo Felipe, tal vez sonriendo y confiado.[11]

Cuando Nataniel oyó que el prometido por Dios había venido de Nazaret, no podía creerlo. Mire usted, Nazaret no era en absoluto la idea que los judíos tenían de un lugar de crianza, socialmente aceptable, que produjera líderes sociales y culturales de la época... mucho menos al Mesías.

Del mismo modo, cuando me diagnosticaron cáncer recibí cartas, que en aquel momento me indignaban, de mujeres que me aseguraban que algo bueno saldría de mi tumor cerebral maligno. Muchas mencionaban sus propias experiencias de haber encontrado la esperanza y la bondad de Dios en la profundidad de sus enfermedades.

¡Cáncer! Me burlaba de mí misma cuando leía estas cartas, oyendo en mi cabeza el mismo tono repiqueteado que Natanael debió haber usado ese día hace mucho tiempo. *¿Puede algo bueno salir del cáncer?*

Sin embargo, ¡las cartas (¡muchas de ellas!)— me ayudaron a comprender que la respuesta era sí! He aquí solo un ejemplo:

> Yo también tengo cáncer, y he aprendido tanto de la provisión de Dios, y de su cercanía en mi enfermedad, que de alguna manera casi me siento bendecida al sufrirla. (Por supuesto, ¡eso es en los días en que me siento bien!)

Otra amiga señaló:
Muy bien podrías salirte con la tuya diciendo cualquier cosa. Si esto es inapropiado, los demás pensarán que es por el tumor, y no te harán responsable.

Encuentre la bendición en todo
Cada día el correo trae más notas de toda clase y de fuentes inesperadas en las que se comparte ánimo. Una amiga, sabiendo que mi apodo es la «Dama Geranio», me envió una tarjeta que contenía un pequeño frasco de «bálsamo corporal de aceite de geranio».

«¡*Uf!*», pensé cuando vi lo que era. Para ser sincera, quizás se me conozca como la Dama Geranio, pero estoy segura de que no me gusta como huele el geranio. Veamos, si usted me pregunta, el geranio tiene una flor brillante y hermosa, pero cuando se trata de aromas, la pobre planta se clasifica entre las malas hierbas que apestan. Aun así leí la tarjeta que acompañaba el regalo, la cual insistía en que el aceite me daría consuelo, calma, alivio y tranquilidad. Por tanto abrí el frasco y deje escapar un poco del mal olor. Sin embargo, ¡el aroma era agradable! ¡Difícilmente podía creer lo que olía!

Luego miré la lista bastante larga de ingredientes y vi que había, en realidad, algo de aceite de geranio en ese pequeño frasco, pero se lo enumeraba casi al final, después de los emolientes aromáticos tales como «almendra dulce» y aceite de lavanda. No obstante, eso se parece mucho a nuestra vida, ¿no es verdad? Si solamente nos enfocamos en las cosas malolientes, es fácil creer que estamos atascados en el montón de estiércol. Pero si ponemos nuestras dificultades en perspectiva, mezclando las adversidades con todas las bendiciones en nuestra vida, nos damos cuenta de que vivimos en un jardín de flores hermosamente perfumadas, ¡y bien abonadas!

Al pensar en ese aceite de geranio me vino a la mente la consoladora imagen del Salmo 23: «Unges mi cabeza con aceite; mi copa está rebosando» (v. 5). ¡Qué imagen tan preciosa: El sosegado toque del propio Pastor ungiendo con aceite mi cabeza llena de alambre de púas! ¡De solo imaginarlo siento que mi tensión se calma y mi cabello vuelve a crecer!

Luego otra frase salta dentro de mi mente (como dijo mi amiga, ahora puedo divagar de este modo debido a que tengo un tumor cerebral, vea usted, por lo tanto tengo una excusa). Este es un pensamiento del libro de Emilie Barnes, *Mi copa rebosa con el consuelo del amor de Dios*. Emilie escribió: «Es un dato conocido que ... nuestras copas rebosarán de problemas ... Pero usted y yo no podríamos conocer las cosas maravillosas que Dios tiene almacenadas para nosotros cuando llevamos ante Él nuestras copas rebosantes de problemas, dejamos que Él vacíe el dolor, y luego le permitimos llenarnos con su amor rebosante».[12] Entonces, como dice el título de la antigua canción de Jimmy Dean: «¡Estoy bebiendo del platillo porque mi copa se ha rebosado!»

Descubrir algo bueno en los problemas que salen a *nuestro* encuentro puede ser un reto ameno. Es como buscar las nubes de tormenta para ese arco iris que aparece cuando el sol vuelve a salir. E incluso en medio de la tormenta se pueden encontrar bendiciones. Hace poco recorté de una revista el anuncio de una ducha especializada solo porque me encantó el mensaje, el cual alardeaba: «Arrasa con la obstinación de los días malos». El anuncio decía que el aluvión prometido «no solo arrasa con tus preocupaciones, ¡las ahoga!» ¡Qué manera diferente de ver una tormenta que barre nuestra vida!

Aproximadamente en la época en que recortaba ese anuncio de la revista me llegó una nota de una mujer que describía todos los problemas que estaba teniendo con su familia. Luego dijo: «Tomo muchas duchas, porque ese es el único lugar en que puedo llorar sin que me oigan». Sus palabras me recordaron esa sabiduría que dice:

> Las lágrimas son para el alma
> lo que el jabón es para el cuerpo.

Nuestras lágrimas nos hacen sentir limpios, aunque vengan de un dolor de cabeza. Y cuando dejamos de llorar nos sentimos de alguna manera refrescados y listos para nuevamente asumir nuestras responsabilidades.

Encuentre a Dios en el fuego

Simplemente piense en todas las historias que ha escuchado y que describen algo bueno que viene de una mala experiencia, recompensas que surgen de la desilusión.

Mi querida amiga Joyce Landorf Heatherley conoce esto de cosechar algo bueno de una situación mala. En su libro *De lunes a sábado*, en el que describe el dolor crónico que sufrió por muchos años, Joyce, quien también luchó contra el cáncer, recordó una conversación que tuvo con su hermana mientras ella estudiaba la historia bíblica de los hebreos que fueron lanzados al horno de fuego.

La historia, narrada en Daniel 3, cuenta cómo los hombres fueron sentenciados por Nabucodonosor a morir en el horno, después de que se negaron a adorar al ídolo de oro del rey. La Biblia incluye este conmovedor relato:

> Entonces el rey Nabucodonosor se espantó, y se levantó apresuradamente y dijo a los de su consejo: ¿No echaron a tres varones atados dentro del fuego? Ellos respondieron al rey: Es verdad, oh rey. Y él dijo: He aquí yo veo *cuatro* varones sueltos, que se pasean en medio del fuego sin sufrir ningún daño; y el aspecto del cuarto es semejante a hijo de los dioses.

Un día la hermana de Joyce la llamó emocionada, le leyó este pasaje, hizo una pausa y le dijo: «Cielos, Joyce, piensa tan solo. El rey *no* habría visto al Señor si los hombres no hubieran estado en el horno. Quizás el horno de tu sufrimiento es el único lugar donde otros verán realmente a Jesús...»

La experiencia le dio a Joyce una «nueva apreciación del horno». Concluyó que «la experiencia del fuego es doble: para refinarnos en el oro más puro y para dejar que otros obtengan su primera (y posiblemente su única) mirada de Jesús».

Luego Joyce escribió este hermoso pensamiento:

> *Los cristianos verdaderos*
> *saben que a veces*
> *la única manera*
> *en que el mundo que nos rodea*
> *verá a Cristo*
> *es por medio de*
> *las llamas ardientes de*
> *nuestras propias aflicciones*
> *y sufrimientos.*[13]

Creer que su dolor creó una nueva oportunidad para testificar le dio a Joyce la fortaleza para soportarlo. «Tal vez puedo estar en el horno un poco más de tiempo. ¿Está usted también dispuesto a estarlo?»

El gozo de Joyce al poder compartir su fe, incluso por casualidad a través de su dolor, reflejó mis propios sentimientos cuando recibí este mensaje de una mujer de la región central de Estados Unidos:

> Para el día de San Valentín mi esposo me dio un volumen que constaba de tres de tus libros, y cuando los leí llegué a sentir como si te conociera personalmente. Al registrarme para el congreso de Mujeres de Fe (mi primero) en Chicago esperaba que oírte en persona y quizás encontrarme contigo sería algo muy importante para mí.
> En vez de eso, saber de tu enfermedad hizo la experiencia más real, sincera o auténtica. En lugar de ser solo un tiempo para escaparme de todo, se volvió para mí un tiempo de mayor adoración. Mis «asuntos» eran menos importantes.
> ¡Dios obra de maneras misteriosas! Él está tocando muchas vidas, incluso por medio de tu enfermedad y tu sanidad. Que Dios te sane por completo y te restaure para que compartas su Palabra y sus maravillas.

Asombra considerar que solo por ser creyentes que nos aferramos a nuestra fe, a pesar de una enfermedad u otra dificultad, podemos ser capaces de animar a alguien más. Podemos ser, como escribió el profeta Jeremías

> ...como el árbol plantado junto a las aguas, que junto a la corriente echará sus raíces, y no verá cuando viene el calor, sino que su hoja estará verde; y en el año de sequía no se fatigará, ni dejará de dar fruto.[14]

Este fenómeno es seguramente para mí un bumerang de bendiciones, si es que hubo alguna, porque *por supuesto* es justamente ahora, más que nunca antes, que estoy agarrada con más fuerza del manto de Jesús.

Hubo una época en el ministerio de Jesús sobre la tierra en que confrontó a sus seguidores, desafiándolos a creer lo que les había dicho. Algunos de ellos no podían manejar las difíciles lecciones que enseñaba.

Como resultado, muchos de sus seguidores lo abandonaron. Jesús, viéndolos irse, se volvió a los doce discípulos restantes. «¿Queréis acaso iros también vosotros?», les preguntó.

Me gusta la respuesta de los discípulos. Esta es la misma afirmación que constantemente llena mi corazón y mi mente, aun cuando los retos me acosan:

> Le respondió Simón Pedro: Señor, ¿a quién iremos? *Tú* tienes palabras de vida eterna.[15]

¿A quién más me aferraré cuando mi salud falla o mi corazón se quebranta? ¿Adónde más me volvería? Solo Jesús ofrece vida eterna y gloriosa. Y el pensar que a alguien más le anime el que esté aferrada desesperadamente de Dios... bueno, ¡simplemente es un deleite extra!

Deléitese en los obstáculos

Debo admitir que no soy la primera en experimentar este misterio. Otra amiga, Jon Eareckson Tada, confinada a una silla de ruedas por más de treinta años, conoce muy bien la desesperación y la incapacidad. Ella ha visto cómo Dios ha utilizado su experiencia para mostrar a otros la luz del amor del Señor. En vez de resignarse impotentemente a las limitaciones que trae su condición, Jon ha recibido inspiración para escribir libros y canciones que conmueven el corazón, y ha pintado hermosas obras de arte agarrando el pincel con los dientes. Ella también trabaja con Jon y Amigos, su ministerio de alcance mundial para incapacitados. Hoy día ella dice:

> Recuerda que puedes aprender a deleitarte en todo obstáculo que Dios pone en tu sendero. Las limitaciones nos obligan a renunciar y abandonarnos a nuestro Creador, Dios. Cuando lo hacemos, ¡su creatividad fluye![16]

Luego tenemos al apóstol Pablo, a quien supongo que se le podría llamar el mural para los cristianos que sufren. Su observación sobre este fenómeno de cosechar bendiciones de la adversidad se tradujo de este modo en *El Mensaje*:

Me fue dado el regalo de estar incapacitado para que constantemente estuviera en contacto con mis limitaciones. El ángel de Satanás hizo lo que estuvo a su alcance para desilusionarme; lo que en realidad consiguió fue ponerme de rodillas. ¡Sin peligro además de andar por todas partes con altura y poder! Al principio no pensé en esa limitación como un regalo y le rogué a Dios que se la llevara. Lo hice tres veces y luego Él me dijo:

«Que mi gracia te sea suficiente; es lo único que necesitas. Mi poder cumple su propósito en tu debilidad».

Cuando escuché eso, me alegré por permitir que sucediera. Dejé de enfocarme en la incapacidad y comencé a apreciar el regalo ... Ahora tomo las limitaciones para caminar con gozo ... ¡Simplemente dejo que Cristo tome el control! Entonces mientras más débil soy, más fuerte me vuelvo.[17]

Cualquiera que sea su situación... escoja el gozo

Tal vez usted no esté pasando por una enfermedad. Pero quizás sufra por una relación rota, una bancarrota, la pérdida de un ser querido, o alguna crisis que lo tiene chapoteando en el pozo de estiércol de la vida sin ninguna esperanza a la vista. Recuerde: En esta vida es inevitable el sufrimiento, ¡pero la desdicha es opcional! *Prefiera* resueltamente vivir lleno de gozo.

Además, hágalo con una sonrisa. Hace poco vi un artículo de una revista que describía a una mujer que le infundía gozo a su día cantando o tarareando cánticos alegres mientras pasaban las horas. Ella observó: «Cuando las personas cantan algo alegre, hay típicamente una sonrisa en sus voces».[18] Yo podría agregar: «y en sus rostros». Esto puede darle a usted una sensación de felicidad, aun cuando no esté en circunstancias alegres.

Mi amiga Lynda me enseñó eso hace varios años cuando a una gira de Mujeres de Fe le seguía inmediatamente, pisándole los talones, el congreso anual. Fuimos directamente del lugar de celebración al buque de pasajeros, donde cada día había un evento programado. Fue divertido, por supuesto, pero también agotador tener que desempeñarme al máximo por varios días seguidos mientras me movía entre las asistentes al congreso en el buque.

Una mañana, solo al pensar en otro agotador día de interacción quedé exhausta, incluso antes de poder levantarme y vestirme. Lynda, con quien compartía mi cabina, tenía el remedio exacto para mí. Abrió la puerta corrediza de vidrio entre nuestra pequeña cabina y el diminuto balcón al costado del buque y dijo: «¡Cielos Barb! El sol está saliendo y las olas brillan. ¡Me dan deseos de cantar! Sal y canta conmigo... ¡por favor!»

En vez de refunfuñar salí caminando hacia el balcón. La enorme extensión de olas brillantes parecía un mar de efímeros diamantes. Lynda ya estaba cantando «Cuando la mañana dora los cielos», y parecía perfectamente natural acompañarla. Nos sentamos allí, cantando juntas: «Cuando se anhela el regocijo de la música, este es mi cántico de cánticos: Que Jesucristo sea alabado», mientras el sol se levantaba sobre el mar.[19] Fue una experiencia que nunca olvidaré. Era imposible no sentir gozo mientras nuestras palabras de alabanza se extendían sobre el mar y nos iluminaban las hermosas bendiciones de Dios.

La lección que aprendí de esa mañana en el buque fue: si te es difícil estar alegre... ¡finge! He aquí un consejo sobre cómo hacerlo, que ofrece una escritora:

> Ponga una cara feliz, y su cuerpo que, o no sabe la diferencia o espera lo mejor, responderá como si la expresión fuera verdadera. La acción de sonreír involucra al menos tres grupos importantes de músculos, incrementando el flujo sanguíneo hacia el rostro, y en consecuencia, ayudando a crear un brillo sonrosado. Al reír efusivamente usted entona sus músculos faciales, obtiene un delirio total y absoluto, y hace una sesión de ejercicios aeróbicos. Ese ligero dolor en su abdomen después de un ataque de risa significa que ha ejercitado esos músculos. Probablemente el dolor en sus asentaderas significa que ha reído tan fuerte que se cayó de la silla. Sin embargo, sanará rápidamente porque la risa tiene un efecto protector sobre el sistema inmunológico al aumentar las células que producen anticuerpos y activar las células T que atacan los virus.[20]

Cualquiera que sea su situación, desconecte su enfoque egoísta, prenda su sonrisa, y busque lo *bueno* que se puede encontrar en sus circunstancias. Eso es lo que Pam Costain hizo cuando se vio frente a una dura situación que hoy día enfrentan muchas personas nacidas inmediatamente después de la Segunda Guerra Mundial. En una columna escrita para el diario *Star Tribune* de Minneapolis, Pam describe el modo en que descubrió algo bueno del sufrimiento de ver a su madre, de ochenta y ocho años de edad, sumida en el tenebroso mundo de la demencia. «Tener a mi madre cerca de mí durante este período final de su vida ha sido para mí una verdadera bendición, escribió, pero no ha sido fácil. Es más, gran parte de la experiencia ha sido extraordinariamente difícil».

A pesar de las dificultades, Pam escribió: «En cada encuentro con mi madre recibo el reto de ser una persona mejor... más compasiva, más amorosa y más generosa... Cuando la saco a recibir sol o le sostengo la mano al visitarla, recuerdo el significado de los gestos sencillos... La presencia y la vulnerabilidad de mi madre le recuerda a mi esposo, a mis hijos y a mí lo que significa ser una familia. Cada día miramos dentro de la fragilidad de la existencia humana y podemos celebrar las cosas sencillas: el amor, la misericordia, la verdad, el contacto, la entrega y la gratitud».[21]

Sea que nos enfrentemos con la muerte de un ser querido (o la nuestra), podemos ver oportunidades de mostrar amor, gozo y esperanza. Al hacerlo enriquecemos nuestras propias vidas. Henri J.M. Nouwen escribió que «el gozo y la esperanza no están separadas. Nunca he conocido una persona optimista que haya perdido la esperanza... Gozo no es lo mismo que felicidad. Podemos ser infelices respecto a muchas cosas, pero aun así puede haber gozo... Es importante estar conscientes que en cada momento de nuestra vida tenemos una oportunidad de elegir el gozo».[22]

Una inclinación hacia el gozo
Una amiga de Florida me envió un recorte de periódico, manifestando que me haría reír cuando supiera el nombre de la mujer que describía el artículo... y así fue. Pero luego leí la historia completa y comprendí que esta mujer tenía más que un nombre encantador. Tenía una mente repleta de esperanza y una tendencia hacia el gozo.

La mujer de ochenta y cuatro años conducía su pequeño auto por la autopista en medio de la noche, para recoger a su nieta en el aeropuerto, cuando el conductor de otro auto le pegó por detrás. El auto de ella fue a dar contra una barrera de concreto y se hundió en un manglar, fuera de la vista de los trabajadores de emergencia que la buscaron durante tres días y medio. Mientras estuvo atascada en el auto, la mujer oraba pidiendo lluvia. Un periódico informó: «Cuando llovió, ella recogió agua usando la cubierta plateada del timón y luego un par de medias de bebé de hospital para absorber el agua y beberla». Finalmente su rescate fue noticia en todo el mundo.

Hoy día, más de un año después, la mujer aún soporta angustia y pesadillas relacionadas con su experiencia, pero no permite que eso la derribe. «Se supone que la vida es para vivirla y disfrutarla, no para pensar demasiado en lo malo», dijo al periodista que la entrevistaba. ¿Y sabe qué? Ella conducía un Toyota.[23]

Los problemas de esta señora me recuerdan algunos de mis propios desafíos de manejo en este año. Antes de una resonancia magnética, el técnico me inyectó algún medicamento en la muñeca. Creo que a mi cuerpo no le gustó lo que se le inyectó, porque cuando terminó la resonancia mis ojos se habían hinchado tanto que casi no podía ver para manejar a casa. Pero mientras conducía pensé en algo cómico, y eso me permitió seguir: Esa mañana, cuando estaba a punto de salir para la cita, alguien de la clínica llamó para recordarme que debido a la resonancia magnética no usara desodorante ni laca para el cabello.

«¡Laca para el cabello!», respondí. «¡Para usarla tendría que tener cabello!»

En Toyotas o carrozas, lleve sus problemas al cielo
Hannah Whitall Smith escribió que «las angustias terrenales son ... carrozas de Dios, enviadas para llevar el alma a sus elevados lugares de triunfo ... Cuando nuestros ojos están así de abiertos veremos en todos los acontecimientos de la vida, ya sean grandes o pequeños, alegres o tristes, una "carroza" para nuestras almas ... Suba entonces a su carroza. Tome todo lo que está mal en su vida como una carroza de Dios para usted ... lo que significa llevarlo a un lugar celestial de triunfo.

Deje fuera todas las causas secundarias y encuentre al Señor allí. Diga: "Señor, abre mis ojos para que pueda ver, no al enemigo visible sino a tus carrozas invisibles de liberación"».[24]

Tal vez su carroza de «angustias terrenales» sea cáncer o algún otro problema de salud. O quizás tenga un hijo descarriado o un cónyuge infiel. Es posible que esté viviendo en un torno de alta presión, emparedado entre hijos jóvenes que necesitan su guía y padres ancianos que precisan su cuidado. O posiblemente ahora su vida tenga estabilidad, y esté pensando que ninguno de estos mensajes de «ser alegre en medio de todo» pueden aplicársele. Sonrío al pensar en usted y recuerdo las palabras de David Jeremiah al reconocer que algunas personas no han soportado «momentos negativos» en su vida.

«Tenga paciencia», dice, invocando siempre la risa. «Simplemente sea paciente. Esos momentos llegarán».

Momentos de regocijo en el montón de estiércol

> El médico al paciente: «Lo que usted tiene es un resfriado común, y no se conoce cura para eso. Pero alégrese... se podría convertir en neumonía, ¡y sabemos qué hacer al respecto!»[25]

Un padre regaló a su pequeña hija un cachorro por su cumpleaños. Exactamente una hora después encontró un charco en medio del piso de la cocina.

El hombre llamó a su hija, quien entró corriendo a la cocina, y le pidió que explicara por qué no estaba vigilando a su nueva mascota.

La niña miró el charco, luego a su padre, y dijo: «Mi cachorro se desbordó».

Observación: Las rodillas inclinadas en oración... no tiemblan.

Recuerde: Una vela no pierde nada cuando ilumina a otra. Además, apagar otra vela no hará que la tuya brille más.

MAMÁ GANSA Y GRIMM • Por Mike Peters

Una mujer fue a ver a su médico.
«Doctor, no sé que hacer», se quejó. «Usted tiene que ayudarme; sencillamente no puedo recordar nada. No tengo memoria en absoluto. Oigo algo un minuto, y al siguiente minuto lo he olvidado. ¿Qué debo hacer?»
«Pague por adelantado», replicó el médico.[26]

Estamos más receptivos a Jesús en los momentos difíciles de la vida. El abono de buena tierra nunca huele bien.
—Fuente Desconocida.

Durante la última semana de septiembre mi teléfono sonó incesantemente, pues mis amigos y conocidos llamaban para expresar sus condolencias. Varias veces al levantar el auricular para decir hola podía escuchar en el otro lado de la línea los gritos que soltaban de la impresión las personas que llamaban. «¡Estás viva!», dijo una persona, obviamente confundida.

Las piezas del misterio se unieron cuando un amigo me envió por fax estos dos anuncios en los boletines dominicales de una iglesia local:

23 de septiembre, 2001: «Tuve la oportunidad de escuchar la semana pasada parte de las exequias de Barbara Johnson. Me regocijé ante el mensaje de un predicador en su funeral: Puesto que hay una tumba vacía en las afueras de Jerusalén, sé que Barbara Johnson está viva hoy día».

30 de septiembre, 2001: «La semana pasada mencioné la muerte de Barbara Johnson, y debo aclarar cuál Barbara Johnson murió. La Barbara Johnson que falleció era la cristiana que estaba en el vuelo que cayó sobre el Pentágono el 11 de septiembre. La Barbara Johnson que habla aquí cada año en el congreso de Mujeres de Fe no murió».

Estamos atribulados en todo, mas no angustiados; en apuros, mas no desesperados; perseguidos, mas no desamparados; derribados, pero no destruidos ... Por tanto, no desmayamos; antes aunque este nuestro hombre exterior se va desgastando, el interior no obstante se renueva de día en día. Porque esta leve tribulación momentánea produce en nosotros un cada vez más excelente y eterno peso de gloria; no mirando nosotros las cosas que se ven, sino las que no se ven; pues las cosas que se ven son temporales, pero las que no se ven son eternas (2 Corintios 4.8-9; 16—18).

Déme ambigüedad... o algo más

¿Qué quiere decir con que eso no se trata de mí?

Una noche a principios de junio, después de haber terminado los tres primeros tratamientos de quimioterapia y de haber pasado por otra resonancia magnética, recibí una llamada telefónica de mi oncólogo. De los tres especialistas que me estaban tratando, este era quien tenía un modo de ser más grave y firme, y me sentía intimidada por él. Quizás me aterraba que se me saliera una broma y que él no captara el chiste. O tal vez me avergonzaba pensar que hubiera abierto mi cerebro y visto todos mis secretos. En todo caso, cuando oí su voz al otro lado de la línea me preocupé un poco y me pregunté por qué había llamado.

—Señora Johnson —dijo formalmente—, he revisado los resultados de su último examen.

—Ajá —dije, apretando el brazo de la silla y preparándome para cualquier cosa que pudieran traer sus próximas palabras.

—No veo actividad en su cerebro.

¿No hay actividad en mi cerebro? ¿Significa eso que estoy muerta?

—¿N...no hay actividad? —titubeé.

—Así es. No vemos actividad en absoluto— respondió el médico en su estilo rápido y cortante.

—B-bien, ¿q-q-qué significa eso?

Yo estaba segura que estábamos teniendo una conversación. Pero si no había actividad en mi cerebro, entonces yo debía estar muerta; y si estaba muerta, ¿cómo podría estar hablando? ¿Por qué no me estaban poniendo mi nuevo vestido celestial y no estaba atravesando el umbral de mi nueva mansión?

—Significa que hemos disminuido el tumor —dijo. Ahora pude oír una leve insinuación de entusiasmo en su voz. Es más, el tumor está experimentando un retroceso y se está reduciendo.

—¡Fantástico! Por un instante pensé que me estaba diciendo que mi cerebro estaba muerto —confesé.

El médico finalmente soltó una risita.

—¡Cielos, no! Esta es una *buena* noticia. Muy buena noticia —me aseguró. Ahora su voz estaba tomando un tono más cálido que no le había oído antes—. Es más, la noticia es tan buena que me pregunto si estaría dispuesta a hacernos un favor.

—¿Un favor? ¿Qué podría hacer por *ustedes*?

—Bueno, el próximo sábado es la reunión ordinaria de la organización local de sobrevivientes de cáncer. ¿Podría venir y hablar ante este grupo de personas y darles un poco de ánimo? Sé que acostumbra hablar a grandes audiencias en toda la nación, y este es un grupo mucho más pequeño. Pero sé que se beneficiarían de lo que tiene para decirles.

—N-no sé... —dije por ganar tiempo, pensando en la fatiga que aún me consumía en los días siguientes a los tratamientos de quimioterapia—. ¿No hay alguien más que pueda hablar? Existen muchos otros que han tenido más experiencia y que tienen más conocimiento que yo acerca del cáncer. Soy muy nueva en esto.

GARFIELD Por Jim Davis

—No, no hay nadie más que pueda contar su historia —dijo—. He leído un par de sus libros, los cuales usted me dio, y quiero que esas personas la escuchen. Si no puede venir tendremos que hacer que algunos miembros del grupo lean por turnos uno de sus libros.

—Bueno, creo que podría hacerlo —repliqué.

Unos días después me encontraba de vuelta en la sala de quimio, preparándome para otro tratamiento. A pesar de las mantas tejidas a mano en crochet, que nos mantenían calientes, y de las deliciosas galletas y limonada que servían las voluntarias, el lugar parecía lúgubre. Todas las pacientes de ese día, con sus pelucas ligeramente torcidas, gorras pasadas de moda y cubiertas de cabeza, parecían tranquilas y el salón se veía de algún modo triste. Antes de sentarme hice el recorrido de rostros conocidos, saludando a quienes ya estaban enganchados a sus intravenosos.

—¿Tiene frío? Le puedo conseguir otra manta —ofrecí a una mujer.

—¡P-p-puf! —dijo en respuesta, escasamente levantando la cabeza.

—¿Podría arreglarle el volumen de la televisión? —le pregunté a otra dama que estaba mirando al vacío mientras un programa de televisión se oía a todo volumen en el tubo de imagen.

—N-no i-importa —balbuceó, encogiéndose de hombros y girando la cabeza.

Sin saber lo que la mujer dijo, pero viendo que no quería hablar, me dirigí a la dama que estaba en la siguiente silla de quimio.

—¿Quisiera que yo cambiara de canal?

—Ohhhhh —suspiró, abriendo brevemente los ojos y volviéndolos a cerrar.

—¡Buenos días! —dije a la siguiente mujer, tocando brevemente la manta que le cubría los pies.

Ella solo asintió como respuesta, sonriendo levemente.

Tan pronto como me acomodé en mi silla, la enfermera llegó para comenzar mi tratamiento. Mientras, yo observaba cómo colgaba las bolsas intravenosas y se aseguraba que los conductos estuvieran libres, me maravillaba el modo en que trabajaba este sistema. Este era un «coctel» tóxico, y esa combinación de drogas fluía por mis venas. Y sin embargo, me estaba salvando la vida.

Pronto apareció un poco de náusea, y luché para rechazarla, batallando mentalmente contra el nudo en el estómago que se asentaba sobre mí como un velo frío y húmedo. A medida que el veneno goteaba dentro de mis venas, lo único en que podía pensar era: *¡Cualquier cosa, Señor! Gracias, Señor. Ayúdame, ¡querido Jesús!*

Más tarde esa semana asistí a una reunión de un grupo de apoyo al cáncer, una parte semanal de mi programa desde que el cáncer entró en mi vida. Una mujer en el grupo dijo que sus médicos le habían dicho que la quimio era su única esperanza, y que había sido incapaz de tolerar los medicamentos.

—No puedo hacer la quimioterapia —dijo de plano, moviendo lentamente la cabeza de un lado al otro.

—¿Qué quieres decir? —le preguntó otro miembro del grupo.

—Quiero decir que voy a morir —contestó con tristeza.

Las palabras de la mujer flotaron en el aire por un instante mientras ella se sentaba, un poco conmocionada.

—Su atención, por favor —solté de repente—. El cielo luce muy bien para mí en este momento, ¡por lo tanto eso no es tan malo!

La mujer sonrió hacia mí y asintió con complicidad.

Las bienaventuranzas de los quebrantados

Mi vida había tomado una rutina monótona durante los tratamientos de quimioterapia. Todas las horas que pasaba despierta estaba en casa, a excepción de los viajes obligados a la clínica. Mis otras salidas regulares eran a la farmacia Drug Emporium. Casi a diario parecía tener alguna razón para ponerme algo que me cubriera la cabeza e iba a esa tienda. Definitivamente era el momento de romper esa rutina. Era tiempo de extender la mano en vez de estar reprimida con las sensaciones de fatiga. Estaba contenta de haber aceptado hablar ante el grupo de supervivientes del cáncer.

Bill me ayudó a reunir una página de tiras cómicas y chistes que me habían enviado mis amigos. Hicimos varias docenas de fotocopias de todo eso en papel brillantemente coloreado y tomé un par de cajas de cartón con mis libros para repartir en la «reunión del club». Nos divertimos al poner a trabajar nuestros planes. Mientras tanto la vida casi parecía normal a medida que una vez más planeábamos una conferencia a la que nos habíamos comprometido, con libros y folletos.

Cuando llegó el día me puse un conjunto brillante, me aseguré que la peluca estuviera recta, y me dirigí a la puerta con brío y energía. De repente comprendí cuán poderosa puede ser una acción de generosidad. Me hacía sentir muy bien estar en el extremo de *dar* en vez de estar en el de *recibir*. Debido a mi diagnóstico me había rodeado mucha amabilidad, desde tarjetas humorísticas hasta deliciosos platillos. En realidad me hacía sentir distinta ser el *recipiente* en vez del *dador*. Al principio me incomodaba todo eso, sintiendo que de algún modo estaba en deuda con estos amigos que me extendían la mano. Entonces, cuando comprendí cuán ridículo era permitir que algo bloqueara el amor que se estaba derramando sobre mí, absorbí la preocupación hacia mí como lo hace una esponja seca dentro del agua. Los mensajes que llegaban a mi correo se convirtieron en mis vitaminas diarias. He aquí un ejemplo:

> Barbara, has bendecido a muchos; sé ahora bendecida mientras los «muchos» dejan que Dios te hable por medio de ellos. Agárrate de esa alegría que has llegado a compartir. Que haya muchos geranios de amor y fe en tu sombrero este verano y otoño, mientras descansas y te sanas en las manos del Padre.

Barb, has dado tanto a muchos con tu ingenio y humor... especialmente a mí. Me ayudaste a aprender a reír de nuevo. Que Dios te bendiga y te cuide; que te envuelva en sus brazos y te alivie.

Así como has ayudado a llevar sanidad a muchas vidas con los escritos de tus libros, al escuchar a los que te llaman y escribir a los que están en necesidad, quizás estos correos electrónicos y estas tarjetas que recibes hagan lo mismo por ti.

—Gracias por llamar al Centro de Autoestima. Eres una persona maravillosa, no importa cuánto tiempo te tengamos en espera.

Otro día el correo me trajo un obsequio especial de una de mis amigas de Mujeres de Fe, la extraordinaria cantante Babbie Mason. Ella me envió un casete en el cual había grabado su canción, la cual a menudo le había dicho que era mi favorita. Esta vez ella la cantó exclusivamente para mí. La canción era «Estaré de pie contigo en la brecha», y expresaba cómo estaría «pronunciando tu nombre y orando por tu fortaleza». De solo escucharla me sentí como nueva.

Luego llegó en el correo otro pequeño regalo que me conmovió de verdad el corazón. Era de Linda Hoffman, de Rochester, Nueva York. Ella se había detenido ante mi mesa de libros en uno de los congresos de Mujeres de Fe, esperando obtener algunas de las placas de mármol, brillantes y lisas, que yo llamo salpicaduras de gozo. Solemos repartir estas placas en la mesa de libros y pedimos a las mujeres que las coloquen en los alféizares soleados. Así pueden dejar que los destellos les recuerden todos los lugares que Dios quiere bendecir en sus vidas. Linda había conseguido una de las salpicaduras el año anterior y ahora quería obtener más para sus amigas. Se quedó perpleja cuando mi ayudante en la mesa de libros le dijo que yo no estaba participando en la gira debido a mi enfermedad, que en compensación se pasaba una cinta de video con mi charla porque aún me encontraba en recuperación, y que en mi ausencia habíamos descontinuado la entrega de las pequeñas placas de mármol.

Al oír esta noticia, Linda se quedó boquiabierta y los ojos se le llenaron de lágrimas. «¿Tiene cáncer Barb?, preguntó atónita. Al instante escarbó en el bolsillo de sus pantalones y sacó una placa de mármol lisa y brillante. La pequeña salpicadura de gozo de Barb me ha bendecido tanto que se la regalé a otra persona que estaba pasando una época difícil. Luego comencé a comprar estas más pequeñas en el almacén de artesanías y a llevarlas adondequiera que voy. Por favor, envíele esta a Barb y dígale que aunque es más pequeña que la que me dio, se la mando con muchísimo amor para *bendecirla*».

Sentí consuelo al sostener en la mano la plaquita de mármol y leer la nota de la ayudante en la mesa de libros, en la cual me explicaba cómo había ido a parar en el paquete que me enviaba. En ese momento el sol le dio de lleno, enviando un rayo de luz centelleante que rebotó en la superficie, y fui bendecida de verdad. De modo asombroso, el regalo de Linda fue el primero de varias salpicaduras de gozo que llegaron en paquetes enviados después de subsiguientes congresos.

Una de las salpicaduras era una placa de mármol azul celeste más grande, de las que habíamos dado por centenares en la mesa de libros. Una amable mujer de alguna manera la había hecho grabar. Entonces, sin dejar su nombre, se acercó a la mesa y pidió que me la enviaran. Cuando la saqué del paquete semanal mis ojos se llenaron de lágrimas mientras veía la única palabra grabada en la superficie brillante. Simplemente decía: «Gracias».

Otra mujer escribió para contarme que había llevado con ella su pequeña salpicadura de gozo (la llamaba una piedrecilla) mientras le hacían exámenes médicos, entre ellos una biopsia. «La agarro para que me ayude a salir adelante en todo, y quiero agradecerle por eso. ¡Piense en todas las piedrecillas en todos los bolsillos de aquellos a quienes ha tocado, que se preocupan por usted!» Ella firmaba la nota: «Una piedrecilla en Portland».

Pensando en todos esos mensajes que me llegaban comprendí que al aceptar agradecida la emanación de amor estaba compartiendo un bumerang de bendiciones... de un modo distinto al común. Los dadores estaban sintiendo las mismas bendiciones que yo había recibido con los años, cuando disfruté participando el regalo del gozo que Dios me había dado. Una amiga describió así la situación:

> Barb, qué preciosidad hizo Dios al permitir que soportes una experiencia triste tras otra. Has sido tan fiel a Él que a cambio te ha permitido sentir espléndidamente su amor, que fluye a través de ti hacia el mundo que te rodea.

Inténtelo, y verá lo que esta amiga expresó de modo tan perfecto. Incluso en su quebranto, en medio de cualquier experiencia dolorosa que encuentre, extiéndase para ayudar a los demás, y en realidad sentirá el amor de Dios fluyendo a través de usted para bendecir a otros. Se convertirá en un *conducto* del amor de Dios.

Membresías dudosas

Mientras conducía hacia el auditorio donde hablaría ante supervivientes del cáncer me maravillaba de cuán bien y vigorosa me sentía, cuando solo unos días antes la solicitud de hablar me había parecido otra carga dura de soportar.

«Yo no quería estar hoy aquí, admití ante el grupo cuando me llegó el turno de subir al podio. Nunca quise estar en este grupo de supervivientes de cáncer... y nunca quise tener cáncer. Sin embargo, tampoco quise estar en Madres Contra Conductores Borrachos o en un grupo para padres de hijos homosexuales. Además soy miembro de un grupo de apoyo para diabéticos. Seguramente tampoco planeé estar en *ese* grupo. ¡Por ese motivo no quise estar en AARP! Todos estos grupos de apoyo son fabulosos, pero es difícil pensar que estoy calificada para la membresía cuando ni siquiera llené una solicitud. No obstante, heme aquí, y estoy decidida a dejar que Dios me utilice hoy de la manera en que Él crea mejor. Espero que en esta ocasión me usará para darles algo de diversión y un poco de ánimo. Hace mucho tiempo dije: "Cualquier cosa, Señor", y aun hoy tengo que decirlo casi todos los días. Esta es la oración de entrega. He entregado mi vida a Dios, y Él me ha dado desafíos que nunca soñé. Sucede que uno de ellos es el cáncer».

La reunión salió bien y yo fui bendecida por las sonrisas en los rostros de quienes me saludaban después con abrazos y apretones de manos. Más tarde esa noche me puse a pensar en todos los giros inesperados que han coloreado mi vida. Recordé cómo había sido la vida *antes* del accidente casi fatal de Bill, *antes* de que dos de nuestros hijos resultaran muertos, *antes* de descubrir que otro hijo era homosexual, *antes* de que la diabetes y el cáncer se convirtieran en parte del material de mi vida. En ese entonces yo tenía una vida normal: feliz, ocupada, sencilla, contenta. Y ahora, de pie al otro lado de todas esas penas, sé que nunca *escogería* vivir de nuevo esas experiencias. Sin embargo, también sé que mi vida de hoy es un millón de veces más rica, más profunda y más llena de lo que fue antes.

Algunas veces pienso de mí misma en mi «antigua» vida simplemente como una transeúnte, viendo desde fuera cómo otros luchaban en situaciones de vida o muerte. En ese papel yo fui un poco como Simón de Cirene. Él estaba un día en las calles de Jerusalén, hace dos mil años, cuando una conmoción llamó su atención. De repente una escandalosa multitud de soldados e importunos remolineaban por la calle, y debió haber pasado un instante antes de que pudiera distinguir el centro del jaleo. Entonces vio un hombre perdido, obviamente sentenciado a la crucifixión, luchando por subir a rastras una cruz hasta el sitio de la ejecución.

Seguramente Simón de Cirene vio con horror cómo el hombre que cargaba la cruz tropezó y cayó debajo de su carga. Entonces, quizás antes de comprender lo que estaba ocurriendo, un soldado tomó a Simón desde fuera y *lo* empujó hacia el centro de la multitud. Lo siguiente que supo fue que *él* era quien subía la colina llevando la cruz de otro hombre.

La historia del evangelio no nos dice qué pasó con Simón de Cirene después de ser obligado a llevar la cruz de Jesús hasta el Gólgota.[1] Pero lo menos que podemos creer es que su vida cambió debido a su experiencia dolorosa y humillante cuando supo lo que le había sucedido a Aquel cuya cruz había cargado. ¡Imagínese cómo se debió haber sentido al conocer la noticia de que el hombre, de cuya crucifixión fue parte, había resucitado de los muertos tres días después! Al recordar el peso de esa cruz sobre sus hombros y sentir el dolor de las astillas que se debieron haber clavado en su espalda, ¿se puede imaginar cómo se maravillaría este hombre de la historia que escuchó? Posiblemente creyó, aunque fuera un poco, que aun sin querer había ayudado de alguna manera a alguien en necesidad... y milagrosamente había salido bendecido por la experiencia.

A veces me identifico fácilmente con el viejo Simón. Muchas veces he estado al margen de la vida cuando de repente me encuentro arrastrada dentro de una situación que no he escogido. De algún modo Dios ha obrado por medio de cada experiencia desgarradora para crear una bendición. Me ha sucedido tan a menudo que he dejado de sorprenderme por mensajes como este, que me recuerdan el fenómeno:

¡Por medio del Espíritu Santo has permitido que Dios te use de tantas maneras asombrosas que creo que Él te usará en cualquier circunstancia en que estés (dondequiera, cuando quiera, y *para lo que quiera)*! ... No puedo esperar a ver lo que Dios hace en tu vida por medio de *estas* circunstancias, Barb. ¡Sigue adelante amiga! ¡Estoy observándote!

Cómo pasar las bendiciones

Sin importar cuáles sean nuestras circunstancias, y a veces las queramos o no, podemos animar a otros. A esta gente que deliberadamente anima, mi amiga Joyce las denominó «personas del balcón». Son los individuos que posan en los balcones de nuestra vida como padres orgullosos, listos a aplaudir todos nuestros esfuerzos. Como lo dice Joyce, las personas del balcón «aman, escuchan y cuidan de corazón». Siguen el «lema del balcón» de 1 Corintios 16.14: «Cualquier cosa que hagan, háganla con bondad y amor» (La Biblia al Día).

Cualquier cosa que haga...

>...hágalo todo para la gloria de Dios.
>...sea de palabra o hecho, hágalo todo en el nombre del Señor Jesús, dando gracias a Dios Padre por medio de Él.
>...hágala de corazón, como para el Señor y no para los hombres.[2]

Encomiende al Señor cualquier cosa que haga, y sus pensamientos serán afirmados[3], aun si lo que «hace» es mostrar el amor de Dios cuando sufre... llora... o enfrenta situaciones difíciles.

En cualquier cosa que haga, puede ser un animador, una persona del balcón para alguien más, por la *manera* en que soporta la adversidad. Al hacerlo también será bendecido, como me recordaron estas escritoras:

>Barb, hace casi ocho años mi padre tenía un linfoma y pasó por un trasplante de médula ósea. Su amor por Dios creció tanto durante esa época que pudo animar a sus médicos y a muchas otras personas que estaban enfermas. ¡Él está en re-

misión y maravillosamente bien! ¡Alabado sea Dios! Sé que Dios también usará tu experiencia, Barb, con el fin de ser una luz para alguien. ¡Sigue adelante!

Mi madre tiene casi setenta años y ha criado cinco hijos propios y cinco de sus mediohermanos y hermanas. Ella se hizo cargo de mi padre por diez años cuando tuvo diabetes y fallas cardíacas, y luego se encargó de su madre después de que le diera un derrame cerebral. Ahora está cuidando a su hijo de cincuenta años que padece los efectos de la diabetes, falla renal, y males cardíacos. Te he narrado esto para manifestar que ella no tiene muchas circunstancias optimistas en su vida, pero no obstante se las arregla para ser optimista con respecto a la vida. Durante sus escasos momentos de tranquilidad, tus libros son como una inspiración para que vea la vida con buen humor. Por tanto, oro para que Dios te bendiga y te devuelva tu buena salud, Barb, y que tengas a alguien en tu vida que te dé consuelo y alegría durante esta época difícil.

Bueno, lo cierto es que los deseos de esa dama se han vuelto realidad para mí. He sido bendecida por la amabilidad de centenares de personas del balcón que se han extendido para reanimarme durante esta época difícil.

Mi regalo favorito
De todos los regalos que me han llegado durante esta enfermedad, mis favoritos son las tarjetas y las historias que me han hecho reír. Mi amiga Lynda, conociendo mi afición por mandar tarjetas alocadas, me dio un regalo de treinta tarjetas cómicas *sin firma* y con sobres para enviar a otros mientras yo pasaba mi encerrada experiencia. Enseguida supe a quién enviarlas. Una amiga estaba pasando por una época difícil, y a diario le mandé una de las tarjetas durante treinta días. A veces, solo por divertirme, la firmaba con el nombre de otra persona, como Billy Graham o

Barbra Streisand. Por supuesto, ella reconocía la escritura y el matasellos, y sabía exactamente quién le estaba enviando las notas alocadas, y eso hizo que todo fuera más divertido.

EN LA TRIBUNA DESCUBIERTA Steve Moore

En la más asombrosa demostración de una bendición bumerang, cuando yo ponía en el correo mi tarjetita diaria de ánimo para mi amiga, docenas de tarjetas y notas llenaban mi propio buzón. Ese buzón rebosante fue una ilustración adecuada del modo en que Dios usa los gestos más sencillos para bendecirnos cuando nos ayudamos mutuamente. A veces las notas que recibía eran mensajes de agradecimiento de mujeres que ni siquiera conocía. Algunas eran notas de ánimo relacionadas con mi situación. Otras eran fragmentos sencillos de tonterías enviadas solo por diversión para compartir una sonrisa. Aquí incluyo algunas de ellas para ayudarle a comprender el maravilloso regalo que puede ser una simple palabra de amor o de ánimo. De modo que cuando vea algo cómico, recórtelo y envíelo a un amigo. He aquí ejemplos de las salpicaduras de gozo que me enviaron las amistades para mantenerme riendo mientras luchaba contra el cáncer. Espero que le inspiren a compartir algo animador con alguien que sabe que está estancado en el foso de estiércol de la vida:

Barb, eres una gran bendición. No hay duda de que haces reír a Dios cien veces al día. Por favor, mejórate porque las mujeres tenemos mucho que aprender de ti. No podemos dejar que te vayas al hogar celestial hasta que las más jóvenes hayamos recibido todas tus bromas. Por medio de la risa se nos recuerda la esperanza.

Hace poco tuve cáncer de mama, y también había gran cantidad de personas orando por mí. Yo solía pensar que Dios iba a sanarme solo porque estaba muy cansado de oír mi nombre. Solo quise que supieras que una hermana más está mencionando *tu* nombre a nuestro Padre...

Al haber tenido algunos momentos difíciles en mi salud sé que tener buena actitud y sentido del humor me han ayudado a encontrar a Dios en situaciones en que de otro modo habría llorado. Por ejemplo, estaba en el hospital con coágulos en las piernas que me habían provocado muchas embolias, o burbujas, en los pulmones. Al saber mi condición, mi compañera de hospital comentó: «Vaya, ¡ciertamente eres burbujeante!»

Nuestras damas del grupo de oración llegaron a Nashville para el congreso de Mujeres de Fe y fueron esa mañana a desayunar al Rocky Top Saloon. Cuando llegaron no había ninguna mesera, pero un par de ancianos *intentaban* atender varias mesas de damas, así como a cuatro hombres en el bar que ya habían empezado su día de bebida a las ocho de la mañana. Decidí levantarme y ayudar a los dos aspirantes a meseros a tomar pedidos. Les encantó mi ayuda. En casi cinco minutos otras seis mujeres comenzaron a ayudar, tomando pedidos, entregando comida, limpiando mesas, e incluso lavando platos. Debería haber visto a esos cuatro hombres en el bar mientras observaban asombrados.

La mesera finalmente llegó y nos vio a todas trabajando. Cuando salíamos, dijo: «Ustedes podrían ser el único Jesús que ellos hayan visto alguna vez».

Qué bendición pensar en cómo Dios utilizó a las Mujeres de Fe en el Rocky Top Saloon para compartir de Jesús. ¡Qué asombroso el Dios a quien servimos!

Barbara, tú me hiciste reír y llorar. Solo puedo imaginar que de algún modo estás buscando maneras de reír y hacer que otros rían durante esta época desafiante. Apuesto que estás acurrucada en el regazo de Abba Padre, dejando que te ame mientras juntos analizan el material para tu próximo libro.

Pienso en ti cada vez que oigo la canción «Esta lucecita mía». Debemos cambiar tu nombre de Barb a Faro. Eres un faro de esperanza y alegría para millones.

Si envía sus propios mensajes de esperanza y humor a amigos necesitados de aliento, predigo que algo maravilloso le sucederá, así como a los receptores de sus saludos. Este es un fenómeno descrito en Job 42.10, un pasaje que mi amiga Joyce denominó «el último acto en el drama de Job». Dice así: «Y quitó Jehová la aflicción de Job, cuando él hubo orado por sus amigos; y aumentó al doble todas las cosas que habían sido de Job». O, como la Dama Geranio podría traducirlo, ¡Job obtuvo un bumerang de bendiciones!

Comparta sus dones

Quizás esté pensando que no tiene el don de animar. Bueno, ¡piénselo otra vez! *Todos* fuimos creados para compartir unos a otros el don del amor de Dios. Simplemente algunos tardan más tiempo en descubrir la mejor manera de poder cumplir esa tarea. Si se siente insignificante e incapaz, piense en la historia bíblica de Gedeón. Cuando Dios dijo al israelita: «Ve con esta tu fuerza, y salvarás a Israel de la mano de los madianitas. ¿No te envío yo?»[4], Gedeón replicó: «Ah, señor mío, ¿con qué salvaré yo a Israel? He aquí que mi familia es pobre en Manasés, y yo el menor en la casa de mi padre»[5]

¿Es así como se siente cuando piensa en extenderse a compartir con otros el gozo del amor de Dios? Piensa: *¿Cómo puedo extenderme a alguien más cuando yo mismo me siento tan mísero?* El Señor dijo a Gedeón: «¿No te envío yo? ... Ciertamente yo estaré contigo, y derrotarás a los madianitas como a un solo hombre».[6] Eso es lo que debemos hacer. Tomemos cualquier fortaleza que tengamos, y usémosla para Dios.

Todo cristiano está bendito con mucho amor piadoso para compartir y un corazón de siervo para repartir. ¿Cómo lo sé? Porque la Biblia nos dice que somos hechos a semejanza de Dios. Además, escribiendo a los filipenses, Pablo les dio instrucciones sobre el servicio cristiano:

> «Ámense unos a otros, sean amigos profundamente animados ... Reléguense a sí mismos y ayuden a otros a seguir adelante ... Olvídense de sí mismos como para extender una mano servicial».[7]

El apóstol continuó diciendo a los filipenses: «Haya, pues, en vosotros este sentir que hubo también en Cristo Jesús, el cual ... se despojó a sí mismo, tomando forma de *siervo*».[8]

Como me han recordado algunas personas que me han escrito cartas, aun cuando estemos postrados en la cama de un hospital podemos *servir* a los trabajadores del hospital con sonrisas y palabras amables.

Podemos estar atentos a cualquier oportunidad de reír ... y luego participar esa risa con quienes nos rodean. A medida que crece nuestra fortaleza podemos escribir notas de ánimo a otros que caminan detrás de nosotros en ese valle de tinieblas. Esa idea me recuerda siempre lo que dice Proverbios 25.25: «Como el agua fría al alma sedienta, así son las buenas nuevas de lejanas tierras». Podemos ser «buenas nuevas de lejanas tierras» al llamar por teléfono a alguien que no puede salir de casa por estar enfermo y ser buenos oyentes.

También podemos ofrecernos a tocar el piano para un cántico del coro en el hogar de ancianos u hornear galletas para la venta de pasteles en la iglesia.

Pat Swarthout es una proveedora voluntaria de galletas que disfruta compartiendo risas y sus delicias hechas en casa. Mientras recibía radiación para el cáncer de mama hacía cosas ricas y especiales para los empleados del centro de radiología; se volvió famosa por sus galletas de «inmenso amor» que parecían pequeñas hamburguesas. Esta es mi receta. ¡Ni siquiera tiene que hornear nada para hacerlas! Simplemente utilice colorante amarillo de alimentos para convertir crema de vainilla en «mostaza» amarilla brillante. Luego ponga coco cortado en tiras con colorante verde para crear la «lechuga». Ahora ya puede ensamblar las «hamburguesas». Dos galletas de vainilla se convierten en los «panecillos» y una galleta de menta Keebler es la hamburguesa. Use «mostaza» helada tinturada de amarillo para unir los ingredientes. Dondequiera que las lleve, tenga la seguridad de que los rostros se van a iluminar de risas y expectativas cuando hagan su aparición las pequeñas y dulces «hamburguesas».

Quizás no sea un siervo basado en la cocina, como Pat. Pero mire a su alrededor. Dios ha puesto algo en su vida con lo cual puede mostrar su corazón de siervo. Tal vez sea un sentido del humor. Quizás sea un bolígrafo para escribir. Una mujer escribió para contarme que cuando estuvo muy enferma del hígado, una amiga especial de su clase dominical le envió semanalmente una nota o una tarjeta durante todos los muchos meses de su enfermedad. La mujer escribió: «¡Qué bendición especial fueron esas tarjetas!» Además, significaron tanto para ella que decoró su alcoba con ellas. «Puse en las paredes todas las tarjetas que me enviaban... ¡papel tapiz moderno!», continuó. «Es muy alentador tenderme en cama solo para verlas. ¡Van desde mi cama, dan la vuelta a la esquina, y llegan aproximadamente hasta la mitad de la pared siguiente!»

Otra mujer escribió para decir que su madre había sido asesinada en un caso muy prominente y que estaba asombrada de recibir cartas y tarjetas de personas que ni siquiera conocía. «En verdad me conmovió que extraños por completo tuvieran tanta compasión por otros... Para mí fue tan inspirador, que me aseguro de ofrecer buenos y calurosos deseos cuando lo siento y no por vanidad».

Usted también podría compartir otra clase de «ánimo». Recientemente en una mañana dominical, mientras mi amiga Sue estaba concluyendo una visita a Houston y una limusina de alquiler la llevaba de su hotel al aeropuerto, le dijo a la conductora que ella esperaba llegar a casa a tiempo para ir a la iglesia.

—No tengo ningún pasajero más después de usted —dijo la conductora—. Entonces comencemos nuestro ministerio dominical matutino en limo.

—¿Ministerio en limo? —preguntó Sue atónita.

La conductora explicó que ella y otra conductora de su empresa, así como dos choferes más de otra compañía de limusinas, llevaban sus vehículos todos los domingos por la mañana a uno de los refugios de desamparados en Houston. Formaban fila en la acera, recogían a las familias de desamparados en sus elegantes y lujosas limusinas alargadas y las llevaban a una iglesia local no denominacional.

—Al principio —dijo la conductora—, algunas de las familias llegaban solo para que sus hijos montaran en limusina. Pero el culto de la iglesia es tan inspirador que volvían la semana siguiente por las bendiciones que recibían allí. Además, nosotras vamos al culto con estas personas. Ahora es como ir a la iglesia con la familia. Obtenemos una bendición de eso, así como la obtienen todos ellos.

Quizás su papel de siervo que extiende la mano pueda ser solo visitar amigos que necesitan un estímulo de alegría. No tiene que permanecer mucho tiempo (es más, cuando yo no podía salir de casa por mi enfermedad agradecía más las visitas rápidas de diez minutos que las que tardaban una hora o más). Un pequeño artículo en *Selecciones del Reader's Digest* hablaba de cómo la ex gobernadora de Texas, Ann Richards, aprendió cuán significativas pueden ser esas visitas. Durante la enfermedad terminal de su madre, Ann «vio un cambio dramático en la enferma» a medida que progresaba el mal. Ann dijo: «Después de toda una vida obsesionada con coleccionar cristal cortado, vajillas de plata, manteles bordados, porcelanas y joyas de fantasía, su madre repentinamente perdió interés en sus muy preciadas posesiones. Lo único que en realidad le importaba era quién iba a verla, su familia y sus amigos»[9]

Tal vez podría servir a otros sencillamente compartiendo las posesiones con que ha sido bendecido. Gigi Graham Tchividjian, hija de Billy y Ruth Graham, cuenta en *Las huellas de un peregrino* la historia del viaje de sus padres al Congreso de Evangelistas Itinerantes en Amsterdam. Al evento internacional asistieron evangelistas de todo el mundo, incluyendo muchos predicadores pobres de naciones del Tercer Mundo.

Gigi escribe: «Uno de los últimos días del congreso mamá estaba ayudando en el cuarto de ropa. Un africano se acercó en busca de un vestido para su esposa. En ese momento el cuarto de ropa había sido muy visitado y casi no quedaba nada. Después de pasar algún tiempo mirando, este hombre no pudo encontrar nada. Rápidamente mamá se fue detrás de la cortina, se quitó su propio vestido, y poniéndose cualquier cosa que encontró, se lo dio a este hombre para que lo llevara a casa para su esposa en África».[10]

No hay final para la amabilidad que una persona, o una empresa, puede practicar con una actitud de servicio. Me encanta la idea que una organización de florerías inicialmente denominó «Día del Buen Vecino». En ese día las florerías participantes dieron una docena gratis de flores a cualquier cliente que hiciera una donación para el banco local de alimentos. Sin embargo, el regalo floral tenía una condición. A los receptores se les pidió que conservaran una flor y entregaran las demás a once personas.[11] ¿No sería divertido hacer eso?

Hacer es la palabra importante. Como mi amiga Joyce dijera: «Es divertido, pero cuando me encontraba de duelo por nuestro hijo, mi abuelo y mi madre, recuerdo los *actos* de consuelo que otros tuvieron conmigo... pero he olvidado todas sus palabras».[12]

Siempre que pueda... ¡hágalo!
Siempre que pueda, *haga* algo por *otros*. Aun cuando no sienta hacerlo. Aunque tenga excusas válidas para no hacer el esfuerzo, *hágalo*. Inténtelo, y antes de darse cuenta, estará sonriendo y sintiendo que su espíritu se

eleva. Además, no haga aspaviento por las obras que realiza. Recuerde las instrucciones de Jesús, como las relata Mateo: «Cuando hagas algo por alguien más, no llames la atención hacia ti. Cuando ayudes a alguien, no pienses en cómo se ve. Solo hazlo... tranquila y discretamente».[13]

La recompensa por hacer en silencio obras de bondad son las palabras que añoro escuchar cuando entre por las puertas del paraíso. Jesús las utilizó en una parábola que narró a sus discípulos para enseñarles acerca de utilizar de manera sabia sus recursos. Él dijo: «Bien, buen siervo y fiel».[14] No dijo: «¡Buen trabajo, *enfermera!*», ni «¡Grandioso, señor *Arreglalotodo!*», ni «¡Así se hace, *profesor!*». Elogió el carácter del servicio, y eso es en lo que me quiero enfocar... en lo que significa para mí tanto servir a otros como aceptar con gentileza la ayuda de otros. Hay una hermosa canción que expresa nuestro papel como siervos de Cristo en la tierra:

¿Me dejarías ser tu siervo?
Déjame ser para ti como Cristo;
ora porque pueda la gracia tener
de dejarte también ser mi siervo.

Lloraré cuando estés llorando;
cuando rías, reiré contigo.
Participaré de tu gozo y tristeza
hasta que hayamos visto por completo este viaje.[15]

Durante mi recuperación me han hecho varias resonancias magnéticas y ecografías cerebrales. Por lo general la recepcionista del médico llama el día antes del examen. Ella me recuerda la hora, y luego siempre dice (como hizo la primera vez): «No use maquillaje ni laca para el cabello». Y todas las veces pienso: *¿Laca para el cabello? ¡No tengo cabello! ¿Por qué habría de usar laca para el cabello?*

Un día me encontraba sentada cerca del escritorio de la recepcionista mientras ella hacía sus llamadas de recordatorio.

«Recuerde, no use laca para el cabello», le dijo a un paciente.

Tuve que reír porque conocía al *hombre* que ella estaba llamando. Yo lo había visto, y absolutamente *no* tenía cabello. Al salir ese día la oí que aún llamaba a los pacientes y usaba las mismas palabras. Me detuve y le hice saber que eso me hacía reír.

«Vaya», sonrió, «*sé* que la mayoría de los pacientes son calvos. Se lo digo incluso a pacientes que sé que son calvos. Siempre parece provocar en todos un poco de risa. Por eso precisamente lo hago».

Animar significa llenar el corazón, y esa muchacha llenaba muchos corazones de pacientes calvos con sus llamadas amistosas.

Demasiado ocupada para estar mal

Después de que concluyeran mis tratamientos de quimioterapia y gradualmente volviera a mi trabajo con Ministerios Espátula, editando un nuevo boletín, contestando el correo y haciendo llamadas telefónicas, se restauró mi actitud alegre. ¡Me sentía muy bien al estar otra vez *haciendo* algo por alguien además de mí misma!

«¿Estás deprimida por tener cáncer?», me preguntó alguien.

«¡No!», contesté sinceramente. «¡Estoy muy ocupada para deprimirme!»

Aproximadamente en ese tiempo una persona me envió una nota que decía: «Barb, tú me recuerdas a Nehemías cuando reconstruía el muro que rodeaba a Jerusalén. Él dijo: "Hago una gran obra, y no puedo ir; porque cesaría la obra".[16] Es como si tú también estuvieras haciendo una gran obra exactamente donde Dios te puso». Ella tenía razón. Mientras pueda trabajar, no dejaré que el cáncer, o cualquier otra cosa, me derribe.

Bueno, eso no quiere decir que nunca derramé una lágrima o que no sentí descender sobre mí una fuerte melancolía. Es más, cuando otra amiga me preguntó si lloré durante mi tratamiento, tuve que contestar afirmativamente. Cada vez que veía capítulos repetidos de *La pequeña casa de la pradera,* algunas escenas inevitablemente me hacían derramar algunas lágrimas, aunque no por mí. Por lo general lloraba por los sufrimientos que amenazaban a Laura, Ma y Pa. Pero las lágrimas llegaban y yo sabía que esta era una manera de aliviarme del estrés que sentía por la experiencia con el cáncer.

Las lágrimas en realidad pueden ser reconfortantes, y nos hacen sentir limpios y vacíos de angustia. Lo importante es *dejar* de llorar y *co-*

menzar a buscar modos de extendernos con nuestros compasivos corazones a otros que podrían necesitarnos. Nos sentimos mejor cuando hacemos algo por otros. Este es parte del plan de Dios para nosotros. Hace poco un artículo que apareció en la columna «Insinuaciones de Eloísa» observaba que «sentirse necesitado es el ingrediente más importante para estar contento». En centros para ancianos e incapacitados «alguien necesita siempre que una mano caritativa lo guíe y le cuente historias. Ayudar a estas personas es la actitud más gratificante que se pueda imaginar».[16]

Bueno, podría ocurrir que usted físicamente no pueda hacer nada por los que lo rodean, pero eso no significa que no haya nada que pueda hacer. Mientras sea consciente, ¡puede orar! Me gusta mucho esta carta que una dama me envió un día:

> Tengo lo que llamo una «fábrica de oraciones». Trabajo doce horas en el turno de la noche. Se nos permite tener radios en nuestras máquinas ... pero a veces apago la radio, y con los ruidos ensordecedores, zumbidos y chirridos de las máquinas oro a Jesús por mi familia y por mí ... Me gusta pensar que Dios puede oírme a pesar del ruido.

Otra paciente de cáncer escribió:

> Tengo un estimulante ministerio de ayuda a otros que sufren dolores o cáncer, y también tengo un ministerio de oración. Muchas noches me despierto con dolor, pero veo sencillamente que esta es una oportunidad para orar por otros. Soy incapacitada, ¡lo que me da más tiempo para orar!

Una madre de tres hijos escribió para explicar cómo una amiga la había inspirado para que comenzara un ministerio «Frazadas de Calor». Cuando una de sus amigas está enferma, sufre una pérdida, o simplemente está «adolorida», esta dama envía una frazada, junto con una nota animadora y un poema de su inspiración, el cual concluye:

> *Qué precioso y maravilloso regalo*
> *Tenemos en la Frazada de Calor...*
> *de Nuestro Jesucristo el Señor.*[17]

Del quebranto... a la hermosura

Un hermoso ejemplo de cómo puede salir belleza de algo malo fue demostrado por los miembros de una iglesia situada frente a donde se localizaba el Edificio Federal Murrah en la ciudad de Oklahoma. Cuando el congreso de Mujeres de Fe se realizaba en esa ciudad, nuestra encantadora anfitriona nos llevó a mis ayudantes y a mí al monumento nacional por las personas que murieron cuando el edificio fue bombardeado en abril de 1995. Aunque las conmovedoras características del monumento nos impactaron profundamente, lo que hizo brotar más lágrimas a mis ojos fue la iglesia de la anfitriona al otro lado de la calle.

La Primera Iglesia Metodista Unida quedó muy averiada por la explosión, y los redondos y primorosos vitrales quedaron destruidos. Pero una asombrosa campaña de reconstrucción restauró la estructura mientras la congregación compartía un edificio con otra iglesia cercana. Hoy día nuevos vitrales adornan el frente del viejo y amado edificio. Uno de los hermosos ventanales está en la capilla. Fue hecho con fragmentos de los vitrales recuperados de las ventanas originales destruidas. La inscripción elaborada en la impresionante ventana nueva es un mensaje de esperanza para todos nosotros, no importa qué tragedias encontremos en nuestra vida. Dice así:

> El Señor toma piezas rotas y
> con su amor nos hace completos.

A pesar de las tragedias que enfrente o de las equivocaciones que haya cometido en su vida, Dios puede usarlo para crear algo hermoso, por muy quebrantado que pueda estar. Él puede tomar los harapos de su vida y convertirlo en una nueva criatura que se extienda a los demás para transmitir el amor restaurador y revitalizador de Dios. ¡Yo soy el ejemplo vivo de esa promesa! Me emociona pensar que otros puedan ver los desastres en que he estado inmersa y se inspiren a pensar que quizás también puedan sobrevivir en sus viajes a través del montón de estiércol. Tuve que reír cuando vi el comentario que una asistente al congreso de Mujeres de Fe había escrito en su tarjeta de respuesta, la cual decía: «Logré conocer a Barbara Johnson. Ella más bien es un "condimento", ¡lo cual me hace sentir que hay esperanza para mí!»

Jesús dijo que somos «la sal de la tierra», y la sal es un condimento, ¿verdad? Por lo tanto rociemos la tierra con el amor de Dios al compartir con otros el gozo y la generosidad de Cristo. Y ahora, condimentemos las cosas con unas cuantas carcajadas.

Momentos de regocijo en el montón de estiércol

Una mujer llevó al veterinario una camada de cachorros para inyectarlos y librarlos de parásitos. Todos los cachorros eran muy parecidos, y cuando se retorcían unos sobre otros en la caja, el veterinario comprendió que sería casi imposible reconocer los tratados de los no tratados.

Por lo tanto el veterinario abrió la llave del agua y se mojó los dedos; luego humedecía la cabeza de cada perrito cuando lo inyectaba y concluía el tratamiento para eliminar los parásitos.

Después del cuarto cachorro, el veterinario observó que la mujer, habladora por lo general, había guardado silencio. Cuando el veterinario rociaba la cabeza del último cachorro, la mujer se inclinó hacia adelante y susurró: «No sabía que a ellos también había que bautizarlos».[18]

Intente nombrar las cinco personas más ricas en el mundo. Enumere las últimas cinco ganadoras del concurso Señorita Universo. Nombre diez personas que hayan ganado premios Nobel o Pulitzer.

Ahora, nombre tres amigos que le hayan ayudado en una época difícil. Haga una lista de los maestros que le facilitaron su viaje por el colegio. Piense en algunas personas que lo hicieron sentir apreciado y especial.

Las personas que usted nunca olvidará no son las que tienen más credenciales, las que poseen más dinero o las más galardonadas. Quienes influyeron en su vida son las personas que se preocuparon por usted; y vivirán para siempre.[19]

—¿Por qué deberían estar ustedes agradecidos? —preguntó una maestra a sus alumnos.
—Estoy agradecido por mis lentes —replicó un niñito.
—Así es —respondió la maestra—, porque puedes ver mejor, ¿verdad?
—No —dijo el muchacho—. Evitan que los chicos se peleen conmigo y que las chicas me besen.[20]

La bondad es como la suavidad.
Hace sentir bien a las personas.[21]

Una de las experiencias más maravillosas de los sentimientos humanos llega cuando comprendemos de repente que alguien más nos ama.[22]

Una palabra amable puede calentar tres meses de invierno.[23]

Hospitalidad es hacer que sus huéspedes se sientan en casa... incluso si usted quisiera que estuvieran allí.[24]

Lo mejor que puedes hacer por
tu corazón es amar a alguien.[25]

La vida es para servir. Se supone que los seres humanos debemos ayudar. En realidad, lo más grande que podemos hacer en la vida es ayudar a que quienes nos rodean sepan que son encantadores y capaces de amar. Cualquiera que verdaderamente conozca esto no perderá la esperanza.
—FRED ROGERS[26]

Muchos quieren subirse contigo a la limusina, pero lo que quieres es a alguien que tome el autobús contigo cuando la limusina se descomponga.
—OPRAH WINFREY[27]

Si tienes mucho, da de tu riqueza;
si tienes poco, da de tu corazón.[28]

Es mejor *dar* que *prestar,*
y casi cuesta lo mismo.[29]

o algo más

"CREO QUE DEBEMOS COMENZAR A PONER ALGUNAS RESTRICCIONES EN LAS DONACIONES EN ESPECIE".

El que da semilla al que siembra, y pan al que come, proveerá y multiplicará vuestra sementera, y aumentará los frutos de vuestra justicia, para que estéis enriquecidos en todo para toda liberalidad, la cual produce por medio de nosotros acción de gracias a Dios (2 Corintios 9.10-11).

6

Sencillamente piense: Si no fuera por el matrimonio, los hombres irían por la vida creyendo que no tienen faltas en lo absoluto

Si quiere desayuno en la cama, duerma en la cocina

Hasta que la viví personalmente, la palabra *quimioterapia* no tenía un verdadero significado para mí; era completamente ignorante de lo que implicaba y no tenía idea de lo que me exigiría. Me quedé atónita cuando mi oncólogo describió la rigurosa rutina que yo debía seguir en las semanas siguientes. Dijo que para cada sesión de quimio yo debía ir a la clínica del cáncer y pasar varias horas allí en un amplio salón con muchos otros pacientes; igual que los demás, me dejaría caer en una silla mientras una gran bolsa de líquido entraba a gotas en mi interior.

En casa, durante los días precedentes al tratamiento de quimio yo seguiría un riguroso programa de consumir seis pastillas con trece onzas de agua cada tres horas, día y noche. Seguiría este procedimiento los cuatro días seguidos anteriores a cada tratamiento. Las pastillas no estaban cubiertas con esa superficie resbaladiza y dulce que hace fáciles de tragar a las medicinas. ¡Cielos, no! Estas pastillas eran secas y polvorientas, y no se las podía tragar fácilmente. Como si tomar pastillas y beber agua fuera poco, se suponía que debía descansar tanto como me fuera posible, recuperando mis fuerzas para el próximo tratamiento de quimio.

Al ser tan indisciplinada como soy, este complicado curso de tratamiento propio estaba más allá de lo que podía hacer por mí misma. Sin embargo, como lo mencioné antes, estoy casada con un marino a quien *le encanta* ser exacto y confiable en todo, desde el lavado de medias (en años pasados, cuando *yo* lavaba, él las engrapaba para asegurarse que recibiría ambas de regreso) hasta sacar la basura (aplasta las cajas y envuelve todo tan cuidadosamente que el día en que se recoge la basura nos felicitaban por tener la más hermosa basura del vecindario). Por lo tanto, cuando Bill oyó que yo debía prepararme para los tratamientos de quimioterapia, se tomó a pecho cada directriz y se aseguró que yo siguiera *exactamente* las instrucciones del médico.

Para ser sincera, hubo ocasiones en que me irritaba el solo oír que en medio de la noche se prendía su reloj despertador quiquiriquíííí (el reloj toca también otras melodías, incluyendo «¡Oh, Susana!», pero «Quiquiriquí» era la favorita de Bill). Me llenaba de terror verlo acercarse cargando el vaso de agua y el montón de pastillas. Ahora, al recordar esos largos días y noches repletos de agua, puedo ver que ayudarme a pasar ese período de mucha tensión quizás fue como tratar de ayudar a un perro callejero herido. Usted extiende la mano para ayudar al pobre y sufrido perro, y en vez de recibir su ayuda con agradecimiento, el can gruñe e intenta morderlo. Imagínese a usted mismo acercándose a un toro furioso echado recelosamente en una silla reclinable o en una cama, vigilándolo con irritación y mostrándole los colmillos mientras usted diligentemente efectúa su acto de amor y misericordia, y tendrá una clara imagen de lo que debió haber sentido Bill cuando me llevaba esas pastillas varias veces al día.

Sin embargo, de alguna manera cumplimos con ello, y cuando estuve de nuevo en el consultorio del médico, quejándome una vez más de cómo detestaba beber toda el agua y tragar las pastillas, él revisó mis signos vitales y leyó mis gráficos. Al finalizar hizo una pausa, me miró y dijo:

«Barbara, lo has hecho increíblemente bien. No has pasado por alto una sola dosis de los medicamentos. Aquí se muestra. Estás respondiendo de modo maravilloso a la quimioterapia... y creo que tu progreso se debe a la diligencia de tu esposo al hacerte seguir estos procesos de modo exacto».

«Vaya», dije, inclinando la cabeza y sintiéndome culpable por todos mis berrinches.

Bendiciones de salchichas y piedras preciosas
Cuando llegué a casa le conté a Bill lo que el médico había dicho. Luego le recordé que se acercaba su cumpleaños y que quería hacer algo muy especial por él para celebrar la ocasión... y para agradecerle por todo lo que había hecho por mí.

«Por lo tanto... ¿qué te gustaría hacer para celebrar? ¿Y qué regalo especial te puedo conseguir para hacerte saber lo mucho que te amo y te aprecio?»

«Me gustaría ir al Price Club y comerme un perro caliente», dijo sin siquiera vacilar.

Debí haberlo sabido. Para Bill solo hay dos grupos de alimentos: perros calientes y rosetas de maíz. Además, como es un entendido en perros calientes, ha decidido que los que sirven en la cafetería del Price Club son los mejores del mundo. De modo que fuimos a la gigantesca tienda.

Cuando compartíamos nuestro almuerzo de salchichas en el grande y tenebroso edificio, no me quedó más remedio que pensar en cuán fácil es amar a Bill y cuán bueno ha sido conmigo (sin mencionar lo barato que sale su regalo de cumpleaños). Después de terminar mi perro caliente y de arrugar el envoltorio, me fijé en mi anillo de diamantes y se me llenaron los ojos de lágrimas al recordar cómo Bill lo había usado para darme un tierno regalo de amor.

El anillo era un regalo de una vecina nuestra. Al morir me legó varias piezas de su hermosa joyería; una de ellas era este gran anillo de dos quilates en una montura de platino. Me gustaba usarlo, pero a veces me sentía un poco ostentosa porque los diamantes no eran «lo mío».

Algunos años después tuvimos un grave problema económico, y decidí vender el diamante. El joyero sacó la gema y colocó un sustituto de jacinto en la montura de platino. Nadie notó alguna vez la diferencia, y yo estaba contenta con las joyas de imitación; después de todo, los diamantes falsificados modernos son muy hermosos, aun cuando básicamente son solo cristal.

Pasaron un par de años, y una vez en que me quité el anillo para limpiarlo me quedé admirada de cuán bien lucía, aunque el diamante era falso. Sucedió que Bill estaba de pie mientras yo pulía el anillo.

—Dámelo —dijo—. Voy a llevar mi anillo a la joyería para que lo limpien; llevaré también el tuyo y haré que le den una buena limpieza.

A decir verdad, eso me pareció un poco raro, pero como hijo único, Bill siempre ha sido un poco extraño. De modo que le di el anillo, y regresó aproximadamente en una hora, sonriendo de oreja a oreja.

—Otra vez es genuino —dijo mientras me pasaba el anillo.

—¿Qué quieres decir con que es genuino? —le dije.

—Que es un diamante verdadero. Un genuino diamante azul blanquecino. Hice que el joyero reemplazara el falso.

Miré absorta al *genuino* diamante, grande y brillante, donde había estado la piedra de imitación, preguntándome dónde consiguió él los fondos para comprar una gema tan hermosa. Después supe que por dos años Bill había estado ahorrando parte de su seguridad social y de su cheque de jubilación hasta que tuvo dinero suficiente para reemplazar la piedra falsa con un diamante genuino y exquisito. Ahora, cada vez que lo observaba allí centelleando intensamente en mi dedo, me recordaba no solo la amabilidad de la anciana que me lo dio primero sino también la de mi bondadoso esposo. Bill podría tener a veces algunas actitudes extrañas, pero algunas de ellas han sido de beneficio para mí. Así como mi diamante, ¡él es el artículo genuino!

Aventuras matrimoniales

Durante los años en que he hablado a audiencias de toda la nación me han acusado a veces de despotricar de los hombres, porque me gusta incluir en cada uno de mis libros un capítulo acerca de las tonterías que hacen. Pero al haber estado casada por muchos años con un gran oso de peluche humano, quiero dejar en claro que *amo* a los hombres... ¡especialmente a Bill! Pero eso no significa que no disfrute con las ridiculeces del sexo opuesto.

Hace poco vi en una revista una afirmación que decía: «El matrimonio es un incendio extraño y necesario, una luz roja caliente hacia la cual nosotros como mariposas no podemos evitar salir volando. Es nuestra fuente de dolor, gozo y transformación».[1] Esta última frase describe con seguridad mi matrimonio con Bill, especialmente en esta batalla contra el cáncer. Ha habido algo de dolor mientras hemos vigilado mutuamente los peligros que esa enfermedad tiene para los dos. Me ha preocupado cómo Bill se conduciría sin mí en caso de que el cáncer se convirtiera en mi boleto al cielo. Y Bill ha estado atormentado de verme pasar por la cirugía y la quimioterapia.

Sin embargo, allí también ha habido gozo. Con cada tanda de correo llega algo cómico que disfrutamos juntos. Además, en toda esta experiencia sencillamente hemos gozado al pasar tiempo juntos... *mucho* tiempo. Es más, mi cáncer fue diagnosticado a principios de marzo, y hasta mediados de octubre Bill se negó a dejarme sola por más de una hora (mientras corría a la oficina postal para recoger el correo todos los días y se detenía en el banco o iba a hacer otros mandados). Finalmente decidió tomar un descanso del cuidado de Barb cuando nuestro hijo Barney llegó de Nevada e insistió en que Bill pasara la tarde con él en el campo de golf. Incluso entonces se aseguró que nuestro otro hijo, David, estuviera «de guardia» y me chequeara durante la tarde.

Sinceramente, yo en realidad había deseado tener todo un medio día para mí. Pero con el paso de las horas me encontraba mirando el reloj y anhelando el regreso de Bill y Barney. Esto me recordó otra cita acerca del matrimonio que leí en algún sitio: «Los largos y grises pasillos de nuestra vida cotidiana son en realidad lugares bendecidos donde podemos, si intentamos, encontrar nuestra verdadera felicidad».[2] En el pasillo largo y gris de mi vida, Bill (a quien llamo jocosamente mi ladrón de gozo) ha sido una fuente definitiva de felicidad para mí. Y su disciplina salvó mi vida.

Enloqueciéndonos mutuamente

Así que ahora que sabe cuánto significa Bill para mí... permítame decirle que a pesar de esta cercanía aún tenemos la capacidad de enloquecernos mutuamente. Y nos volvemos más locos uno al otro cuando real-

Bill tiene su precioso y pequeño auto deportivo para hacer todos los mandados de rutina. Por eso nuestras amigas de Ministerios Espátula lo conocen como «Ardilla Bill».

mente estamos *conduciendo*. ¡La verdad es que cada uno evita llevar al otro a cualquier parte! Soy tan feliz como una alondra en mi Ford Victoria, yendo a cualquier parte para extender mi gozo. Y Bill tiene su precioso y diminuto auto deportivo para hacer todos sus mandados cotidianos; por eso nuestras amigas de Ministerios Espátula lo conocen como «Ardilla Bill». Apenas el año pasado vendió por última vez su Volvo de veinticuatro años de edad. (Lo habíamos vendido dos veces antes, pero igual que con la perra en *Lassie, vuelve a casa*, siempre volvía a nosotros.) El auto que maneja ahora es solo lo suficientemente grande para Bill y para los montones de correo que transporta de la oficina postal a casa y viceversa.

Por consiguiente, cuando manejamos, lo hacemos cada uno por su lado. Esto resulta bien, porque no hay conductor en el asiento trasero con quién lidiar, nadie listo a señalar nuestras pequeñas anomalías y equivocaciones. Pero a veces, aunque pensamos que nadie está observando, se filtra la evidencia de nuestras meteduras de pata ocasionales. Un día el año pasado, después de que Bill había estado jugando billar con sus amigos en el salón de recreación de nuestro parque de casas rodantes, llegó a casa y entró a mi oficina con una mirada de enojo en el rostro.

—¿Qué pasa? —pregunté.

—¡Han puesto tres veces tu nombre en la cartelera de quejas de nuestro vecindario! —bufó.

—¿Qué quieres decir? —pregunté—. No he hecho nada malo.

—Está puesto tres veces bajo el letrero de «Violadores de la velocidad máxima», exactamente donde todos lo vean —dijo, meneando la cabeza—. Los muchachos se burlaron de mí, diciendo que estaba casado con un demonio veloz.

—Bueno, ¿cuán rápido dice allí que estaba manejando? —inquirí, sorprendida todavía.

—Cuarenta kilómetros en un tramo de veinticinco como máximo —respondió, encogiéndose de hombros.

—¿Es exceso de velocidad cuarenta kilómetros por hora? —discutí—. ¿Quién en el planeta va a veinticinco kilómetros por hora? *Nadie* maneja a veinticinco kilómetros por hora, ¡a menos que se haya detenido!

Entonces la curiosidad sacó lo mejor de mí.

¿Qué otro nombre había en la cartelera? —pregunté.

—Esa es la peor parte —replicó Bill con aire taciturno—. La lista solo dice: «Barbara Johnson, Barbara Johnson, Barbara Johnson». ¡Aparentemente eres la única que viola la velocidad en el vecindario!

Solté la carcajada. Me alegró la vida pensar en mí misma como una violadora de velocidad de setenta y tantos, inducida por la quimio, ¡*corriendo a toda velocidad* por el parque de casas rodantes a cuarenta kilómetros por hora! Además, supe inmediatamente cuál de mis pendencieros amigos había puesto mi nombre... estoy segura de que quiso darme algo de qué reír. (Sin embargo, he intentado ir un poco más despacio; ahora mi velocidad más alta es treinta kilómetros por hora.)

SIX CHIX

Matrimonio y tecnología: una mezcla peligrosa

Ya sea que se trate de manejar un auto o de operar nuevos artefactos en el hogar, los implementos tecnológicos se pueden convertir fácilmente en fuentes de discusión en los matrimonios. Ya he descrito lo que sucedió cuando llegué del hospital a casa y encontré que mi lavandería se había convertido en un centro de control de la era espacial. Desde entonces no he lavado una carga de ropa. Para Bill ha sido un deleite encargarse de las cabinas de mando de la lavadora y la secadora... es feliz pulsando botones, haciendo girar perillas y controlando temperaturas, exactamente como lo hacía en la época en que era un piloto naviero.

Al oírlo allí, tarareando para sí y disfrutando la emoción de ver desaparecer las manchas, tengo que admitir que en ocasiones siento un poco de envidia. En mis muchos años de cumplir con los deberes de lavar, he disfrutado experiencias religiosas ocasionales. Por ejemplo, un día saqué de la lavadora una camisa de Bill y quedé atónita al ver que todo el frente estaba manchado de rojo encendido. Parecía como si él hubiera estado en una batalla a balazos o hubiera pasado el día visitando una planta de empaque. Entonces vi la envoltura de caramelo en el fondo de la lavadora. Aparentemente Bill había dejado algún caramelo rojo en el bolsillo de su camisa, el cual se había disuelto y había convertido la camisa anteriormente blanca en algo que un matador ondearía frente a un toro.

La mancha parecía permanente para mí, pero le puse removedor de manchas y la volví a lavar en agua caliente; ¡cuando la saqué de la lavadora estaba tan blanca como la nieve! Allí fue cuando ocurrió la experiencia religiosa. Al recordar esa hermosa camisa blanca y pensar en lo manchada que había estado, llegaron a mi mente algunos versículos bíblicos:

> Si vuestros pecados fueren como la grana, como la nieve serán emblanquecidos; si fueren rojos como el carmesí, vendrán a ser como blanca lana.[3]

> Si confesamos nuestros pecados, Él es fiel y justo para perdonar nuestros pecados, y limpiarnos de toda maldad.[4]

Sí, en ocasiones yo disfrutaba momentos de percepción espiritual durante mis obligaciones en la lavandería, pero estoy feliz de dejar que Bill disfrute ahora esos instantes especiales. Siempre le ha encantado la tecnología, de modo que la lavadora y la secadora nuevas son ideales para él.

¡Un nuevo día! (No tan rápido)

El año pasado Bill intentó conseguir que yo diera otro (igualmente infructuoso) salto dentro de la era de la alta tecnológica, al convencerme que me deshiciera de mis cuatro máquinas de escribir IBM Selectric y las reemplazara por un nuevo procesador de palabras. (Teníamos cuatro Selectrics porque, sabiendo que me *encantaba* escribir en ellas, siempre que alguno de nuestros amigos se pasaba a las computadoras me ofrecía su Selectric usada, y yo aceptaba feliz. Erma Bombeck también tenía cuatro Selectrics, por lo que me gusta creer que yo simplemente me estaba uniendo a ella en su método de escritura.) Sin embargo, las máquinas de escribir habían comenzado a mostrar la edad, y Bill estaba cansado de transportarlas una a una al taller de reparaciones para hacerlas arreglar. Por eso finalmente me convenció de usar un nuevo procesador de palabras... una máquina electrónica con memoria y otras características asombrosas. La mañana memorable llegó cuando Bill cargó las máquinas de escribir en su auto y salió del vecindario. Llena de emoción (junto con una pizca de aprensión), lo observé irse y luego envié por fax esta nota a una amiga:

> ¡ESTE ES UN NUEVO DÍA! Hoy Bill está llevando mis CUATRO IBM Selectrics a un tipo y me las va a reemplazar con una de otro tipo y marca nueva, con una memoria o algo así. ¡¡¡Me estoy despidiendo de las máquinas en que he escrito todos mis libros y mis cartas por veinte años!!! Cuánto las extrañaré. Sin embargo, él está cansado de llevarlas a arreglar. De modo que lo próximo que sabrás de mí ¡será en una adorable máquina NUEVA!, la cual tendré que aprender a operar.

La razón de que escribiera ese día, 10 de marzo del 2000, es que mi amiga, conociéndome demasiado bien, *guardaría* el fax para que pudiéramos reírnos de él más adelante. Ese momento llegó el mismísimo día siguiente, ¡cuando envié a Bill a empacar de nuevo la «adorable máquina nueva» con órdenes de no regresar hasta que hubiera comprado otra vez mis Selectrics en el almacén de máquinas! Ese día fue mi última incursión en la era de alta tecnología.

Poco después mi amiga me envió una columna escrita por un periodista que también había insistido en conservar su máquina de escribir IBM. La ubicó sobre el escritorio al lado de su computadora, y prometió tenerla allí «hasta que simplemente dejara de funcionar. Entonces la pondré junto a mí en el basurero. Mi impresión es que los muchachos que recogen la basura no nos llevarán a ninguno de los dos»[5] ¡Esa es exactamente mi manera de pensar!

Quiero las cosas a mi manera

Mientras más envejezco, más difícil es hacer cambios; he vivido lo suficiente como para saber qué funciona mejor en mí, y ese es el modo en que quiero que todo funcione: *a mi manera*. Bill está más dispuesto a intentar cosas nuevas, especialmente si hay botones para pulsar y perillas para hacer girar.

Nuestro hijo Barney heredó la fascinación de Bill por los aparatos y por arreglarlos. Le encanta desarmarlos y volverlos a armar, especialmente bicicletas. Por desgracia, Barney, como el menor de nuestros cuatro hijos, fue el último de una larga sucesión de hermanos mayores que tendieron a salir a su madre en su descabellado modo de funcionar. A ellos también les gustaba desarmar cosas, pero nunca buscaron la manera de volverlas a armar. Y eso incluía las herramientas de su padre que habían usado para reducir cualquier cosa a un montón de tuercas y tornillos. En el momento en que llegó Barney, Bill había empezado a guardar bajo llave su caja de herramientas en el garaje para que los muchachos no las pudieran agarrar. Estaba cansado de que cuando necesitaba abrir deprisa la caja de herramientas para arreglar un inodoro que se había desbordado o una silla rota u otra cosa, la caja hubiera desaparecido o las herramientas estuvieran esparcidas en el cuarto de los muchachos o en el patio.

Entonces vino Barney con curiosidad por saber cómo funcionaban las cosas y con esa extraña urgencia masculina de desarmarlas y volverlas a armar. Y allí estaban las herramientas de Bill, guardadas bajo llave dentro de la caja. Esto era una fuente de frustración para él; y para cuando tuvo doce años, a la típica manera de Bill Johnson, se había imaginado una forma de superar el obstáculo. Todos los días de ese verano, apenas Bill salía para el trabajo, Barney desmontaba la caja de herramientas de su padre: sacaba las enormes puertas y tomaba las herramientas que necesitaba para trabajar en sus bicicletas. Entonces, antes de que Bill volviera a casa, Barney ponía las herramientas donde las había encontrado, volvía las puertas a su lugar, reinstalaba las bisagras y los pasadores, y ponía cara de inocencia.

Un día Bill abrió la caja de herramientas y descubrió que se había perdido algo. Estaba perplejo. Sabía con seguridad que *él*, siendo un eterno perfeccionista, nunca fallaría en volver a poner una herramienta en su puesto exacto y adecuado. Y también estaba seguro que la llave de la caja de herramientas se encontraba en el llavero que llevaba con él al trabajo todos los días, y que estaba cerrada con llave cuando la abrió. Por lo tanto, ¿qué estaba pasando?

Finalmente Barney debió confesar lo que había estado haciendo. Era evidente que había olvidado guardar una de las herramientas cuando ese día ensambló de nuevo la caja. Así se descubrió el secreto. Viendo la mirada en el rostro de Barney mientras admitía con vergüenza su «crimen», recordé ese versículo bíblico que dice: «El que encubre sus pecados no prosperará; mas el que los confiesa y se aparta alcanzará misericordia».[6]

Bill no podía creerlo cuando Barney «confesó su pecado» y admitió que había estado usando regularmente sus herramientas durante todo el verano. Mientras le demostraba a Bill la manera tan cuidadosa en que todos los días quitaba las puertas y las volvía a poner, a Bill lo inundaban emociones conflictivas. Por supuesto, le disgustaba que, una vez más, uno de sus hijos hubiera tomado una de sus amadas herramientas y olvidara volverla a poner en su sitio. También estaba un poco avergonzado por haber sido burlado por un mecánico de doce años. Sin embargo, ¡probablemente lo más difícil de admitir era que estaba orgulloso de que su hijo fuera tan inteligente y talentoso!

Volver a lo que es importante
Al recordar toda la gama de emociones que Bill mostró al comprender la última escapada de Barney, me di cuenta de que sentí la misma gama de

emociones acerca de mí misma y de nuestro matrimonio al pasar por la experiencia del cáncer. Hubo frustración porque el cáncer interrumpió mis planes y también porque Bill ha sido muy insistente en que yo siga con exactitud el protocolo de la quimioterapia. Me ha asombrado ver cómo mi cuerpo responde de modo positivo a este régimen de veneno. También ha habido una sensación de orgullo al ver que, tan difícil como ha sido, hemos sobrevivido este obstáculo en nuestra vida y en nuestro matrimonio.

Como muchos de mis amigos y miembros de mi familia me recuerdan a menudo, soy una persona muy independiente que me gusta levantarme y salir, salir, salir. En cambio, durante estos meses pasados he sentido la fatiga como nunca antes la había experimentado. Esto a veces me ha hecho casi totalmente dependiente de Bill para todo, desde el mantenimiento de la casa hasta contestar el teléfono, lo que él *nunca* antes hacía. Es más, cuando una de mis amigas llamó, y Bill respondió, ella casi se echó a llorar, segura de que yo había muerto. Se imaginó que si Bill estaba contestando el teléfono, ¡debía ser porque algo drástico habría ocurrido!

No ha sido fácil. Bill y yo estamos bastante apegados a nuestras costumbres. Y sin embargo, ha habido abundantes bendiciones en esta época de cambios. Con lo mucho que he amado a Bill todos estos años, ahora tengo un aprecio aún mayor por todo lo que él ha hecho para mantener con vida nuestro matrimonio... y a *mí*. He oído de muchas otras esposas que han descrito cómo sus esposos se han encargado del caos que queda tras la enfermedad o incapacidad de ellas, y se dedican a realizar trabajos que nunca pensaron hacer. Por lo general son las esposas las que escriben para contar estas experiencias. No obstante, uno de los mensajes era de un hombre. Él escribió:

> Mi nombre es Bob. Me casé con una Barbara. Nuestro apellido es Hannah. A veces le decimos a los amigos que nuestros hijos son producciones «Hannah-Barbara». ¿Sonreíste? ¡Espero que sí! Como sabes, a mi Barbara le diagnosticaron fibromialgia, que a veces la deja inhabilitada. Una de las cosas animadoras que he hecho por ella es darle algunos de tus libros y calendarios. Esto le ayuda mucho.
>
> Entre las muchas habilidades de mi esposa, ella es enfermera registrada, pero no ha podido desempeñar esta ocupación, y en vez de eso se convirtió en nuestra mujer maravilla de la escuela familiar. A veces parece, cuando somos incapaces de hacer las tareas que estamos acostumbrados a hacer, que Dios provee un medio y nos da fortaleza para hacer otra labor. Espero que en tu tiempo de recuperación encuentres fortaleza y puedas hacer la obra de Dios a medida que esta te llegue.

La encantadora actitud de este hombre y sus amorosas palabras por su esposa me hacen pensar que él tiene bien establecidas sus prioridades. Obviamente valora a su mujer y a sus hijos... ¡y quiere hacérselo saber al mundo! Algunas veces llegamos con facilidad a ese punto. Pero en otras ocasiones se necesita una enfermedad u otra crisis familiar para ayudarnos a comprender lo que realmente importa. Es frecuente que quienes tienen profesiones muy dinámicas tengan dificultades para hacer de su fe y de sus relaciones familiares una prioridad.

Los afortunados reciben una llamada de atención antes de que sea muy tarde. Una estrella de cine admitió hace poco a la revista *Parade* que su éxito lo había enceguecido a lo que era más importante. Manifestó: «Cuando estás viviendo en la vía rápida tiendes a pasar por alto los componentes básicos que dan significado a tu vida: relaciones, conocer verdaderamente a alguien, poner a alguien más en primer lugar. Las personas que son muy ambiciosas no se enfocan a menudo en las necesidades de su familia inmediata».[7]

Por supuesto, también hay quienes sentimos como la mujer que dijo: «Quiero vivir en la vía rápida... ¡pero estoy casada con un "desacelerador de velocidad"!»

LORENZO Y PEPITA Por Dean Young y Denis Lebrun

La mejor forma de comunicación

Una de las mejores cosas que el matrimonio puede hacer juntos (en enfermedad y en salud) es reír juntos. El año pasado una mujer que asistió al congreso de Mujeres de Fe descubrió a Bill sentado en la audiencia cuando me tocaba el turno de hablar. Más tarde me escribió:

> En verdad me gustaría decirte que es asombroso cómo tu esposo puede reír cuando te escucha hablando en el congreso, aunque él ha oído las historias muchas veces. ¡Lo encuentro muy encantador! La presencia sanadora de Dios es evidente a tu alrededor.

Bueno, ¡lo que esta chica quizás no pudo ver es que los ojos de Bill pudieron haberse vidriado y estaba sonriendo en sueños! También pudo haberse reído al darse cuenta de que olvidé una línea y estaba desesperada intentando cubrir mi equivocación, y de que en vez de eso me estaba hundiendo en un hoyo aun más profundo. O quizás pudo haber discernido que yo tenía problemas con mi micrófono. Como oradoras, usamos una cajita con baterías y un micrófono con auriculares, y lo ideal es que la cajita esté agarrada a un cinturón. Pero para ser sincera, soy de la clase de mujeres *elásticas* y no de las que usan cinturón. Y a veces cuando el elástico de mis pantalones está muy extendido, el peso de la cajita de baterías hala mi cinturilla. Como resultado, ¡ha habido momentos en que he estado de pie frente a veinte mil mujeres y comienzo a sentir que mis pantalones se caen!

Obviamente, esta sensación distrae un poco, y continúo hablando mientras al mismo tiempo hago un discreto movimiento (eso espero) para girar y mantener mis pantalones en su sitio; quienes me conocen muy bien se dan cuenta de que me pasa algo. ¡Esos generalmente son los que ríen con más ganas en la audiencia! Y por supuesto, Bill es quien mejor me conoce...

Es grandioso cuando dos personas se conocen lo suficientemente bien para leer los significados ocultos en esas pequeñas señales secretas que damos de vez en cuando. Es algo aun mejor cuando podemos enseñar a nuestros hijos a ser igualmente perceptivos. Me reí el año pasado de un artículo que alguien me envió, titulado «Recetas de vida». Incluía los consejos prácticos favoritos de las lectoras del periódico acerca del matrimonio, los cuales habían aprendido de sus madres. El más práctico de tales consejos era este: «Pon siempre la mesa primero de manera que parezca como si algo estuviera a punto de ocurrir, ¡aunque todavía no hayas comenzado a preparar la comida!» Y el consejo más romántico era de esas comunicaciones de pequeños mensajes ocultos. Esta madre de *noventa* años le dijo a su hija: «Si estás preparando la comida y tu esposo aparece por detrás de ti y te acaricia la nuca, apaga el horno. De todas maneras no tiene mucha hambre».[8]

El psicólogo John Gottman manifiesta que la manera en que respondemos mutuamente a las «tentativas» de comunicación (ya sea un simple y rutinario saludo «¿cómo estuvo tu día?», o una inesperada caricia de nuca en la cocina) es importante para mantener firme la conexión. Debemos decidir cómo responder a esas tentativas de comunicación. Por el modo en que lo hacemos, o nos volvemos hacia el cónyuge o nos alejamos. La clave, dice Gottman, es estar conscientes de la oportunidad de conectarnos.

«Las personas pueden aprender a volverse más receptivas y sensibles a las tentativas de su compañero y a cómo hacer tentativas que motiven reacciones, dijo Gottman. Se trata de estar conscientes ... Cuando las personas se alejan, casi nunca es por maldad; es simplemente desconsideración». Él dice que preguntas como «¿Qué te parecería si es que...?» son «tentativas» que invitan a la conexión. Y mientras más conexiones de esas tengamos, mayor es la reserva de buenos sentimientos que compartimos y de los que disponemos en nuestro matrimonio.[9]

Por supuesto, no es posible para todos los esposos y las esposas estar en la misma longitud de onda y reaccionar mutuamente todo el tiempo. Bill y yo también estamos muy familiarizados con ese escenario. Una ocasión el año pasado estábamos yendo a casa desde el consultorio médico y ambos nos encontrábamos distraídos por sensaciones en extremos opuestos del espectro. Generalmente prefiero ir sola a mis citas, porque Bill se impacienta en las salas de espera de los consultorios médicos, y su enojo me inquieta también. Sin embargo, ese día fue conmigo, y el informe del médico fue bueno. Salimos, y el sol brillaba en una tarde del sur de California, extraña y libre de contaminación, la cual era simplemente preciosa. El día era tan hermoso que debí detenerme un instante y aspirar el dulce aire de la vida. Bill, por supuesto, tenía la intención de encontrar el auto y salir del estacionamiento antes que los demás conductores que se podrían estar dirigiendo a la salida.

Mientras me deslizaba en el asiento del auto lancé un suspiro de felicidad.

—¿Sabes, Bill? De vez en cuando hay un momentito fugaz en que pienso que todo va a salir bien, y me siento sencillamente pletórica de gozo.

Me volví hacia Bill con mi más brillante sonrisa.

—¿Has tenido alguna vez esos momentos? —le pregunté.

—Sí —dijo, cerrando la puerta del auto de un portazo y bajando luego el vidrio de la ventana, mientras miraba alrededor en busca de la salida más cercana.

Suspiré otra vez, obviamente *sola* con mis pensamientos. No mucho después alguien me envió un artículo titulado «Estudio: Los hombres solo usan la mitad del cerebro para escuchar».[10] *Amén,* pensé cuando lo leí.

OLAFO EL AMARGADO • Por Chris Browne

Un hombre que se quedó mudo

Una de las historias bíblicas más sorprendentes acerca de la comunicación entre esposos y esposas es la cosa cómica que le sucedió a Zacarías cuando oyó que su esposa estaba embarazada. (Bueno, creo que es cómica; quizás Zacarías no estaría de acuerdo.) La historia, como la narra *El Mensaje* en Lucas 1, dice que Zacarías y su esposa, Elisabet, «vivían honorablemente delante de Dios, cuidadosos en guardar los mandamientos y disfrutando de buena conciencia ante el Señor. Pero no tenían hijos, porque Elisabet nunca había concebido, y ahora eran de edad avanzada».[11]

Entonces un día, mientras Zacarías estaba trabajando en el templo y se preparaba para su turno único en la vida de entrar al santuario del Señor y quemar incienso, un ángel se le apareció de repente y le dijo: «Tu mujer Elisabet te dará a luz un hijo, y llamarás su nombre Juan. Y saltarás de gozo como una gacela».

Zacarías, quizás distraído por sus inminentes deberes en las importantes ceremonias religiosas del templo, me recordó el trastornado «sí» de Bill ese día cuando me llenó repentinamente una sensación de bienestar. Él le dijo al ángel de modo impaciente: «¿Esperas que yo crea esto? Soy un hombre viejo, y mi mujer es de edad avanzada».

El ángel replicó: «Soy Gabriel ... enviado a darte estas buenas nuevas. Pero debido a que no me creíste no podrás decir una palabra hasta el día en que nazca tu hijo».

Lo siguiente que supo Zacarías es que estaba de pie ante la congregación, sin poder hablar. Este era su gran día, ¡y tenía que usar un lenguaje de señas para dar su mensaje!

Sencillamente debemos reír al imaginar el lenguaje de señas que Zacarías debió haber usado cuando fue a casa y *silenciosamente* trató de decir a Elisabet que estaba a punto de quedar embarazada, ¡que había visto un ángel y que se había quedado mudo! ¡De solo pensar en Bill llegando a casa y haciendo charadas para entregarme tal mensaje a nuestra edad, me hace estallar de risa! Estoy segura de que mientras más trataba de comprender Elisabet, más perpleja se quedaba. Quizás mientras más se esforzaba Zacarías para expresar el mensaje, más reía Elisabet de las ridiculeces de su esposo. Me la imagino finalmente dándole palmaditas en sus cansados hombros y llevándolo a la cama a descansar...

De todos modos el hijo de Zacarías y Elisabet, Juan (quien se convertiría en Juan el Bautista), nació nueve meses después. Sus amigos y familiares esperaban que la pareja llamara al bebé como su padre. Sin embargo, con firmeza (y todavía en silencio) Zacarías se negó. Finalmente le pasaron una tablilla y escribió: «Su nombre debe ser Juan». Y eso hizo el truco. De repente pudo hablar de nuevo, ¡y qué historia tenía para contar! La Biblia en ninguna parte llega a esta conclusión, ¡pero me da la sensación de que después de esta experiencia el viejo Zac se volvió un mejor oyente!

EL ZAPATO DE JEFF MACNELLY   **Por Chris Cassatt and Gary Brookins**

Travesuras en el salón de clases

Parte de mi extravagante carácter es disfrutar burlándome de los hombres en toda oportunidad que tengo, especialmente cuando los hombres involucrados son caballeros bondadosos que también disfrutan una buena carcajada de vez en cuando. Mi aventura más reciente sucedió cuando un amigo mío me retransmitió las palabras de un instructor de seminario, con las que animaba a sus estudiantes a enfocarse en la Biblia y en otros clásicos de la literatura cristiana; el cual es, por supuesto, un buen consejo. Luego dijo: «El problema con muchos cristianos modernos es que solamente leen los libros cómicos que son como caramelo o escarchado de azúcar ... libros como *Siembre un geranio en su sombrero*. No tengo nada contra los caramelos, pero creo que es un gran problema cuando eso es lo *único* que come una persona».

Bueno, el comentario llegó hasta mí, por supuesto, por medio de uno de los estudiantes de la clase, y mientras más le preguntaba sobre este instructor del seminario más me parecía alguien que podía recibir una broma. De modo que pregunté al amigo si me sería posible visitar la clase en algún momento. Sin decir al maestro que yo iba, mi amigo preguntó si podía llevar un invitado, y el maestro estuvo de acuerdo. ¡Qué divertido fue para mi amiga Lynda y para mí planificar nuestra travesura! Fijamos una fecha y ordené suficientes copias de mi libro *Siembre un geranio en su sombrero y sea feliz* para que cada estudiante de la clase (además del instructor) recibiera una. Luego compré una gran planta de geranio rojo y pastelitos con bastante *escarchado esponjoso* de azúcar, empaqué una muñeca «Barbara» de Preciosos Momentos, y me dirigí al recinto universitario.

Lynda y yo dejamos los pastelitos y los libros escondidos en la esquina del pasillo mientras nos acomodábamos en los escritorios del salón de clases. Tan pronto como comenzó la clase supimos que estábamos *fuera* de nuestra posición. ¿Mencioné el nombre de la clase? Investigación Histórico-Teológica. Y duraba *tres horas*. Si yo no hubiera estado anímicamente lista con anticipación, quizás me habría dormido y me habría caído del asiento. Afortunadamente el misericordioso instructor, el doctor Alan Gómez, anunció a media sesión que tendríamos un receso y «conoceríamos a nuestras visitantes». Allí fue cuando nuestro amigo estudiante se puso de pie y nos presentó.

El rostro del doctor Gómez cambió de educada indulgencia a colorado como un tomate cuando comprendió que yo era la autora de *Siembre un geranio en su sombrero y sea feliz*... del que él había hecho burla. Sin embargo, se portó como un buen deportista en toda la ridícula aventura. Servimos los pastelitos y entregamos los libros, y él me invitó a hablar ante los alumnos. De pie frente a la clase admití a los estudiantes que ese *era* un título ridículo, y que comparado con los clásicos de la literatura cristiana era definitivamente un peso ligero. Por otro lado, dije, era obvio que Dios había bendecido la historia que narro en el libro, porque se habían vendido un millón de copias, se mantuvo en la lista de más vendidos durante dieciocho meses después de su publicación, y dondequiera que vamos con los congresos de Mujeres de Fe, las damas me dicen que el libro influyó en sus vidas.

—¿Viaja usted con el congreso Mujeres de Fe? —preguntó el doctor Gómez.

—Sí, soy una de las conferencistas —contesté—. No he estado viajando últimamente debido al cáncer, pero en el congreso pasan un video de mi charla.

—¡Mi esposa no me lo va a creer! —dijo el doctor Gómez, atónito—. Acaba de ir al congreso en Anaheim, ¡y le encantó!

—Pues bien —continuó el doctor después de hacer una pausa—. Espero que el comentario que hice a mi clase acerca de su libro no haya herido sus sentimientos.

—No, usted no hirió mis sentimientos —le aseguré riendo—. Ha sido muy divertido venir aquí hoy día y poder compartir mi alegría. Le agradecemos por permitirnos hacerle esta broma.

Luego le pasé la vivaracha muñequilla para que se la llevara a su esposa.

—Usted probablemente va a poner esto en su próximo libro, ¿no es así? —continuó, mirando con preocupación.

—¡Por supuesto! —reí.

—Solamente espero que no me haga parecer como un inepto —dijo.

—No se preocupe —le aseguré—. Será divertido para usted y para mí.

Gracias, doctor Gómez, por permitirme que me inmiscuyera en su sala de clases con mi ridícula tontería. Durante mi aventura con el cáncer no he salido mucho. Esa incursión de frivolidad en su mundo académico fue uno de los toques de luz en esa época estresante. Además, de alguna manera ¡creo que nunca habría tenido el valor de hacerlo si quien dictara la clase hubiera sido una mujer!

El doctor Alan Gómez se portó como un buen deportista cuando hice una fiesta sorpresa para él y sus estudiantes en su salón de clases en el Instituto Talbot de Teología.

Momentos de regocijo en el montón de estiércol

P. ¿Cómo haría usted para que un matrimonio resulte?
R. Dígale a su esposa que luce hermosa, aunque parezca una carretilla de basura.

RICKY, DE DIEZ AÑOS

Un pastor y su familia tenían un gatito que se trepó a un árbol y no se podía bajar. El pastor intentó persuadirlo ofreciéndole leche caliente, e hizo todo lo que se le ocurrió, pero el gatito no bajó. El árbol era alto, pero no muy resistente como para treparlo. Por lo tanto el pastor enlazó la copa del árbol con una cuerda y ató el otro extremo a su auto; entonces hizo que el vehículo rodara por la entrada, esperando que el árbol se inclinara lo suficiente para atrapar al gatito. Pero justamente cuando el árbol se había inclinado y el pastor estaba bajándose de su auto, se rompió la cuerda. El árbol se «sacudió» y el gatito salió disparado por el aire... hasta que se perdió de vista.

El pastor se sintió muy mal. Caminó por el vecindario preguntando si lo habían visto. No. Nadie había visto un gatito extraviado.

Entonces el pastor oró: «Señor, te entrego ese gatito a tu cuidado» y continuó con sus asuntos.

Unos días después el hombre estaba en el supermercado y se encontró con una de las miembros de su iglesia... que era conocida por su odio a los gatos. Él se asombró de ver comida para gatos en su carrito de compras.

—¿Por qué está comprando comida de gatos cuando detesta a los gatos? —preguntó el pastor.

—No creerá esto —contestó.

La mujer le dijo que su hijita le había estado rogando que le diera un gato, a lo cual se había negado rotundamente. Entonces unos días antes, la niña volvió a pedirle un gato.

—Bien, si Dios te da un gato, te permitiré que lo tengas —la madre le dijo finalmente a la niña.

—Observé que mi hija salió al patio —le dijo la mujer al pastor—, se puso de rodillas, y le pidió a Dios un gato. Y realmente pastor, no creerá esto, pero lo vi con mis propios ojos. De repente un gatito salió volando del cielo azul, con sus garras extendidas, ¡y aterrizó exactamente frente a ella![12]

Nunca critiques las faltas de tu cónyuge;
si no fuera por ellas, él o ella habría
encontrado alguien mejor que tú.[13]

—Me iré por unos días en viaje de negocios. De modo que mientras esté fuera tú eres el hombre de la casa. Aquí está el control remoto.

Hace unos años circulaba un chiste en que se especulaba qué habría pasado si los tres reyes magos hubieran sido tres *mujeres* magas: Habrían pedido instrucciones, habrían llegado a tiempo, habrían ayudado en el nacimiento del niño, habrían limpiado el establo, habrían hecho un guisado, y habrían llevado regalos *prácticos*.

Cuando el chiste apareció en la columna «Querida Abby», Lloyd y Kathy Rappleye rebatieron con este argumento: «El problema con el chiste es que los tres reyes magos *sí* pidieron instrucciones. Como resultado, Herodes se enteró del nacimiento del Mesías, haciéndose necesaria la huida de María, José y el niño Jesús a Egipto. También ocasionó las muertes de miles de niños inocentes. No es de maravillarse que desde entonces los hombres teman pedir instrucciones».[14]

Otro humorista especulaba acerca de lo que se habría dicho *después* de que las tres mujeres magas hubieran salido del establo:

—¡Ese bebé no se parece en nada a José!

—¿Puedes creer que ellos permitieron que todos esos asquerosos animales se quedaran allí?

—¡Además, ese burro que estuvieron montando también ha visto mejores días!

—¿Quieres apostar cuánto tiempo pasará hasta que te devuelvan tu cacerola?[15]

Tiene a bordo un sistema computarizado de navegación, pero él ni siquiera a eso le pedirá instrucciones.

En otro tiempo erais tinieblas, mas ahora sois luz en el Señor (Efesios 5.8).

7

Al final todo está bien. Si no está bien, ¡no es el final!

Aunque se caiga tendido sobre el rostro, aún se está moviendo hacia adelante

Durante mis meses de tratamiento, cuando tenía citas médicas todas las semanas, además de frecuentes exámenes y sesiones de quimioterapia, siempre llegaba el momento casi al final de toda visita médica en que yo contenía el aliento y oraba en silencio: *Por favor, Señor, no permitas que el médico tome el talonario de recetas. Y por favor no permitas que me mande más exámenes.*

Pero por supuesto, Dios y el médico, sabiendo lo que hacían, a menudo tenían otros planes para mí. De modo que muy a menudo se prescribía un nuevo medicamento, que esa noche tal vez me hacía tropezar y caer a tierra, o hacía que mi cuerpo se hinchara como una sandía. O se me ordenaba hacerme un nuevo examen o ecografía.

—Todos estos exámenes— refunfuñé un día cuando el médico estaba haciendo la solicitud de otro examen—. ¡Detesto estas pruebas! ¿Cuándo me voy a *graduar* de todos estos exámenes?

La pregunta posiblemente salió de sopetón porque recientemente oí a un papá decir lo mismo en nuestro grupo de apoyo para padres heridos.

—¿Se *gradúa* alguna vez alguien de este grupo de apoyo?— preguntó cansinamente.

Todos reímos cuando lo dijo, porque parecía que siempre que los padres superábamos una crisis con nuestros hijos adultos, surgía otro horrendo problema.

El médico respondió a mi pregunta de la misma manera que habíamos respondido en nuestro grupo de apoyo. Sonrió y luego contuvo el aliento.

—Barb, no estamos viendo ninguna señal del tumor en tu cerebro —dijo—. Creemos que desapareció. Parece como que estuvieras en remisión. De modo que sí, te podrías considerar «graduada de este problema...»

La siguiente palabra estaba allí, esperando que fuera dicha. Era el vocablo *pero*...

—Pero estar en remisión no significa que estés curada —continuó—. Siento decir que este tipo de cáncer es de una clase que a veces regresa. Por lo tanto tenemos que mantener la vigilancia, y debemos estar haciendo exámenes. Porque si regresa queremos atacarlo al instante y adelantárnosle. Vas a tener que hacerte una resonancia magnética más o menos cada mes para monitorear tu salud.

Cada mes... El médico casi me parecía un juez que dictaba sentencia sobre mí. Mientras iba a casa, ese pensamiento persistía, y me recordaba una creencia que a menudo está ligada erróneamente al sufrimiento. A veces estamos tentados a ver nuestras enfermedades como castigo de Dios por nuestras fallas humanas. Pero esto no es verdad. El sufrimiento humano no es la manera en que Dios nos castiga. Es más, hacer tales afirmaciones ante quienes sufren es una auténtica «emboscada teológica», que contradice lo que el mismo Jesús dijo mientras estaba en la tierra. Cuando Él y sus discípulos encontraron un hombre que había estado ciego desde el nacimiento, los discípulos le preguntaron: «¿Quién pecó, este o sus padres, para que haya nacido ciego?»

La respuesta de Jesús todavía nos tranquiliza hoy día a todos los que añoramos ver que su bondad nace de nuestro sufrimiento. Él dijo: «Ni este hombre ni sus padres pecaron, pero esto sucedió para que las obras de Dios se puedan manifestar en esa vida».[1]

Si no está bien, ¡no es el final!

> Papá dijo que tienes un virus de veinticuatro horas...
> ¿Cuánto tiempo te queda de vida?

La gloria revelada de Dios

¿Lo captó usted? Los problemas de salud y los sufrimientos no son castigo de Dios por el pecado. Es más, son exactamente lo opuesto: un medio de que Dios muestre su gloria. Soy una prueba viva de eso. La gloria del Señor se ha revelado en mi vida cuando sanó mi corazón herido y me sustentó en medio de otros muchos desafíos, incluyendo diabetes y cáncer. Alguien lo dijo alguna vez de este modo:

> Dios permite lo que odia
> para conseguir lo que ama.

El Señor *permite* que el sufrimiento entre a nuestra vida para que su gloria se pueda revelar en nosotros. Él no nos lo envía sino que este entra por medio del filtro de Dios. Por duros que puedan ser los sufrimientos de la vida, me emociona pensar que de algún modo los míos podrían ser usados para lograr el glorioso propósito de Dios en alguna parte y de alguna manera. Además, el apóstol Pedro escribió que al sufrir estamos siguiendo el ejemplo de Cristo: «Para esto fuisteis llamados; porque también Cristo padeció por nosotros, dejándonos ejemplo, para que sigáis sus pisadas».[2]

Vivimos en un mundo imperfecto donde existen bolsas de caos... caos como el cáncer, la muerte de seres queridos y otras experiencias dolorosas.

Dios nos lleva por esas crisis y nos hace más fuertes en los lugares de quebranto. Con su ayuda, mucho bien puede surgir de nuestros sufrimientos. Incluso una gran pérdida personal puede ser redentora cuando nos lleva a sentir una compasión más profunda y una humanidad más rica.

Nos regocijamos cuando llega la sanidad o cuando cesa el dolor. A veces ocurre por medio de curas milagrosas; otras veces por medio de la obra de médicos, científicos y otros en la comunidad de la salud. En ocasiones no llega mucha sanidad. A veces vamos a parar a un lugar llamado «remisión».

NON SEQUITUR Por Wiley

La vida en el filo

Mientras escribo estoy aún en remisión. El cáncer se ha ido, pero no está curado (es invisible pero quizás está escondido). Han pasado algunas semanas desde que los médicos anunciaron mi nuevo estado, y he descubierto que es una ventaja vivir en remisión. Al principio me sorprendió que no me sintiera aliviada. Es más, estaba desilusionada porque los médicos no me decían que la enfermedad estaba completamente erradicada; en vez de eso decían que podría «regresar». Saber que podría estar acechando, sin ser detectada, en alguna parte de mi cuerpo, me hacía sentir ansiedad. Para ser sincera, sentía como si una bomba de tiempo estuviera haciendo tictac en mi interior y pudiera explotar en cualquier momento.

Mientras tanto mis amistades y mi familia querían celebrar la ocasión... celebrar que el tratamiento había concluido y que el cáncer había desaparecido. Sin embargo, no podía hacer a un lado el estar siempre consciente de que en cualquier momento esta horrible enfermedad podría volver a despertar en mi interior. Como resultado, a veces me sentía renuente a hablar con sinceridad a mis amigos por temor a deprimirlos y echar a perder sus sentimientos de felicidad, aunque generalmente es bueno hablar debido a que me ayuda a desahogarme y les da a ellos una mejor comprensión de qué es tener esta enfermedad desde mi punto de vista.

Es doloroso vivir con esta clase de incertidumbre, pero sé que todos ahora mismo están llenos de sensaciones similares, e inseguros de lo que traerá el futuro. Todos sabemos que en algún momento un monstruo de sufrimiento podría volver a despertar en alguna parte y enviarnos a todos al caos. Por tanto es posible que hoy día todos compartamos muchas de las mismas sensaciones. Quizás tengamos miedo de hacer planes de largo alcance. Tal vez nos preocupe que nuestros seres queridos se pongan impacientes por nuestra ansiedad y se alejen de nosotros para evitar la angustia emocional que llega por estar a nuestro alrededor.

¡Vaya, el estrés! Sin él solo seríamos una banda elástica estirada, ¡y nuestras sensaciones caerían de plano sobre el piso!

Soledad inesperada

Cuando está pasando por una enfermedad importante usted piensa: *Cuando me ponga bien, mi vida volverá a normalizarse.* Cree que lo «normal» ocurrirá automáticamente cuando se restaure su salud. Sin embargo, hay una transición emocional entre la enfermedad y el bienestar, la cual no viene con un mapa de carreteras o una hoja de instrucciones.

Cuando finalizó mi tratamiento, y el médico dijo que yo estaba en plena remisión, me encontré en un territorio totalmente nuevo. Había esperado sentirme feliz y llena de gozo, pero me encontré sintiéndome tensa... y *sola*. Bueno, ¡*esa* era una emoción que no había esperado! Pero así es en realidad como me sentía. A pesar de todas mis quejas acerca de los continuos exámenes y medicamentos, y de mi hastío del riguroso programa de citas médicas, cuando el oncólogo anunció que solo debía hacerme resonancias magnéticas regulares pero que no necesitaba las citas semanales a las que había estado recurriendo apresuradamente por tanto tiempo... ¡me sentía como si me hubieran abandonado a mi suerte!

Al principio no reconocí la emoción que surgía en mi mente mientras pasaban los días y me quedaba en casa, sin ir a ninguna parte; luego la conciencia me golpeó. Inclusive aunque Bill estaba allí conmigo, aunque mis amigos y familiares hacían que el teléfono sonara con regularidad, y el buzón del correo siempre estaba lleno, me sentía muy sola.

Siempre que la soledad entra a nuestra mente, también es fácil que entre la depresión, especialmente cuando en el cuerpo están ocurriendo cambios químicos producidos por los medicamentos. Caí víctima de eso y experimenté depresión.

Fue necesario un gran esfuerzo, mucha oración, y la ayuda de mis médicos y amigos para recuperar mi actitud. Hoy día estoy decidida a ver la remisión como una época de volver a nacer... un período de nueva vida y esperanza. En realidad ahora la veo como una oportunidad para recobrar mis fuerzas y aprender una nueva identidad. Ahora soy una pionera que explora nuevo territorio en esta vida de más que Dios me ha dado.

Por consiguiente, ¿cómo sobrevivir mientras vivo en el filo? La sencilla y pequeña oración de la serenidad me ha sido de gran consuelo durante esta época:

> Señor, concédeme serenidad
> para aceptar las cosas que no puedo cambiar,
> valor para cambiar las que sí puedo,
> y sabiduría para reconocer la diferencia.

El cáncer es ahora una parte permanente de mi vocabulario; no puedo cambiar el hecho de que soy paciente de cáncer... una sobreviviente del cáncer. Acepto esa nueva clasificación, aunque no me gusta. Mi actitud, sin embargo, es algo que *puedo* cambiar. Trabajo duro para mantenerla en un sendero ascendente, y constantemente oro pidiendo sabiduría para comprender cuándo necesito ayuda.

Aparecer, cambiada, al otro lado

Aunque este libro se trata de mi experiencia con el cáncer, espero que haya sido útil para cualquiera que soporte dificultades. Sin embargo, por un momento quiero hablar directamente a aquellos que han pasado por el cáncer y han salido al otro lado, a la remisión. ¡Este es un lugar extraño! De todas las etapas de mi enfermedad, esta es la que más me desafía.

Por años he dicho que la franqueza es a la integridad lo que los secretos a la enfermedad, y la remisión es una época para la franqueza. Si se está sintiendo ansioso por la amenaza de lo desconocido, especialmente por los temores de que regrese el cáncer, hable con los amigos, con los miembros de la familia, o con profesionales como un ministro o un consejero, quienes pueden ayudarle a mantener la ansiedad bajo control. Luego deje que fluyan los sentimientos.

No tenga miedo de desconectarse de la persona. Si se reúne con amigos o familiares, establezca un tiempo para estar juntos y un tiempo para despedirse, y ajústese a ese horario de tal modo que ambos sepan que su tiempo de conversación *va* a concluir. Si hace esto, lo más probable es que ese individuo esté dispuesto a reunirse con usted con tanta frecuencia como sea necesario. Si esa persona amiga ha llegado a su casa, hágale saber que tiene programado hacer algo más en un tiempo específico, y cuando ese tiempo llegue, agradézcale por ir y guíela con amabilidad a la puerta. Bill y yo intentamos poner límites desde el mismo principio de la visita, mencionando que tenemos algo programado en un momento específico, y cuando llega ese tiempo terminamos amablemente la visita.

Los grupos de apoyo también pueden ser de gran ayuda durante esta época de recuperación y remisión, porque en esos ambientes se da cuenta de que otros sienten la misma aprensión que usted siente. También verá que no hay una manera buena o mala de sentir con respecto a lo que le está ocurriendo. Probablemente descubrirá que otros sienten de igual modo que usted. El proceso de hablar con otros y escucharlos en una sesión de grupo le ayudará a validar sus propios sentimientos.

Intente hablar con amigos, uniéndose a un grupo de apoyo o trabajando con un pastor o un consejero profesional. Encuentre una manera de sobrellevar sus emociones que obre a su favor. Y mientras encuentra algún oyente, asegúrese también de tener suficiente tiempo con el Admirable Consejero.[3]

Como siempre durante tiempos de incertidumbre, también es esencial tener información exacta para que no se asuste por los rumores. En vez de preocuparse por cualquier dolorcito o tic, pregunte al médico: ¿Qué síntomas debo observar para saber si el cáncer ha regresado? ¿Qué pasos puedo dar para asegurar un período mayor de remisión? Pida sugerencias a otros que hayan pasado por situaciones similares sobre cómo arreglárselas con las actividades y preocupaciones diarias.

Hacer que el cáncer entre en remisión es un paso poderoso, y hay varias maneras de responder a ese cambio. Puede estar temeroso y lleno de preocupaciones. O puede verlo como una segunda oportunidad de comenzar a vivir, un tiempo para establecer nuevas prioridades y buscar las cosas que son más importantes para su propio bienestar.

Una época de gracia y bendición

El cáncer y su tratamiento lo cambian de muchas maneras. Usted sale muy distinto de lo que era antes del diagnóstico. Pero cuando sale puede ver la remisión como una época de gracia y bendición... un regalo de tiempo. Entonces el reto principal es preguntar cómo usar bien ese regalo. Piense en lo que ha aprendido de esta experiencia, como me escribió una sobreviviente de tumor cerebral:

> No sabemos lo que el Señor está tratando de lograr por medio de nosotros y en nosotros. Sería bueno tener de vez en cuando una carta directamente de Dios que diga: «Barb, esto es lo que quiero que hagas, aprendas, enseñes, etc.» Pues bien, ¡simplemente nos la pasaríamos leyendo la carta que Él nos escribiera!

En realidad he aprendido mucho durante los últimos meses. Aprendí de nuevo que el tiempo es precioso y la vida corta, y que no debo dar por sentada la salud y la longevidad. ¡Estoy agradecida por cada hálito de vida!

Hoy día, en esta nueva etapa de mi existencia, he aprendido que la remisión puede mejorar mi vida y traer paz a mi alma. He comprendido de nuevo que llega paz por medio de la oración, de la meditación y de hablar con otros.

¿Ha oído de la tendencia de algunas iglesias de construir laberintos para que los cristianos caminen por ellos como un medio de meditación e introspección? La antigua idea está renaciendo en toda la nación a medida que las iglesias comienzan a construir intrincados senderos, generalmente bordeados por piedras, que forman un diseño hermosamente complejo y redondeado. Para quienes no lo conocen les parece un enredo. Sin embargo, como observara una anciana de la iglesia, hay una gran diferencia. «Un enredo está diseñado para confundir y engañar, dijo. Un laberinto tiene entrada y salida».[4]

La diferencia me recuerda cómo debería ser el enfrentar una enfermedad como el cáncer (o cualquier otra clase de crisis) para un cristiano y para un incrédulo. Si usted es cristiano ve el intrincado sendero adelante y sabe que hay una salida... que finalmente lo lleva al cielo. Los cristianos caminan llenos de fe y paz por ese sendero, sabiendo que nunca se perderán y comprendiendo que es un lugar de aprendizaje y crecimiento; saben que mientras se mantengan yendo hacia adelante finalmente llegarán al glorioso final. Los incrédulos no tienen tal seguridad. Ven el mismo sendero intrincado, no como un laberinto en el cual pueden crecer en fe y esperanza, sino como un enredo aterrador en el cual fácilmente se pueden perder para siempre.

Al mirar hacia atrás desde esta posición de alivio al final del laberinto, creo que ha habido un propósito para la ansiedad y el estrés que he soportado. Ahora puedo ver que he crecido en fe, y comprendo aun más profundamente el regalo de la gracia que Dios me ha dado. La experiencia me recuerda una imagen que me encanta. A primera vista solo parece ser una mezcolanza de líneas y manchas. Pero si la mira de cerca verá que se trata de la rama de un árbol. Las líneas y rasgos son ramas y hojas, las cuales sopla un fuerte viento. Usted luego puede ver que la forma en medio de la escena es una pajarita con la cabeza inclinada por la tormenta y el cuerpo resguardando los huevos en su nido. La escena es de paz en medio de la tormenta.

Ese es el mensaje que espero transmitir en este libro: paz en medio de la tormenta. Quiero extender un mensaje de esperanza y de fe a quienes caminan detrás de mí por el intrincado laberinto.

Recordemos nuestro resultado *final*
No importa qué dificultad enfrentemos (un paso en la remisión, el final de algún otro problema que hayamos afrontado, o una caída dentro de lo desconocido) se nos asegura que el resultado final valdrá cualquier sufrimiento que debamos soportar. David Jeremiah nos relata en su libro *Una curva en el camino* la historia de una mujer en un trasatlántico con un enorme grupo de niños. El buque, que se dirigía a Nueva York, quedó atrapado en una furiosa tormenta en medio del Océano Atlántico, y muchos de los pasajeros cayeron presa del pánico. Para calmar a los niños, la mujer los reunió a su alrededor y les comenzó a contar historias bíblicas. Pronto se calmaron, completamente cautivados por las maravillosas historias.

Más tarde, después de que el buque saliera bien librado de la tormenta, el capitán hizo su ronda. Ya antes había notado cómo la mujer, hablando y riendo con los niños, permaneció tranquila durante la tormenta.

«¿Cómo hizo para mantener la calma cuando todo el mundo se estaba desmoronando?», le preguntó. «¿Había estado antes en algo así?»

«Es sencillo», contestó la mujer. «Tengo dos hijas. Una vive en Nueva York y la otra vive en el cielo. Yo sabía que en pocas horas vería a una de ellas, y no hacía ninguna diferencia a cuál vería.»[5]

Con dos hijos en el cielo y dos aquí en la tierra, las palabras de esa mujer podrían ser mías. Si la cirugía, la quimioterapia y una cajita diaria llena de píldoras pueden alejar para siempre al cáncer de mi vida, ¡aleluya! Daré lo mejor de mí para extraer de la vida que me queda todo el gozo que pueda, valorando a mi familia y mis amigos, y apreciando todo nuevo amanecer. Pero si no llega la sanidad, estaré igualmente emocionada de pasar por las puertas del cielo y abrazar a mis dos hijos que han estado allá por muchos años. En uno u otro caso estaré feliz, como lo dice el antiguo himno: «Todo habrá valido la pena cuando veamos a Jesús».[6]

Del ¿por qué? a ¡cualquier cosa!
Algunas veces oramos mucho y con firmeza, y luego nos preguntamos por qué Dios no interviene y calma la tormenta antes que naufrague nuestra vida. Nos preguntamos por qué Él no evita que los terroristas hagan saltar por los aires a personas inocentes. Oramos, como Jesús

hizo: «Padre, todas las cosas son posibles para ti; aparta de mí esta copa»,[7] y sin embargo la crisis llega de todos modos; el problema persiste. Entonces muy fácilmente el *¿por qué?* de todo se convierte en nuestro pensamiento más persistente: ¿Por qué? ¿Por qué? ¿POR QUÉ?

¡Olvide el *por qué!* Por otra parte, por mucho que grite esa horrible expresión hacia el cielo, no obtendrá una respuesta satisfactoria. En vez de eso, continúe su oración como lo hizo Jesús: «Mas no lo que yo quiero, sino tu voluntad». En otras palabras: «¡Cualquier cosa, Señor!» Cuando entrega su vida a Dios, descubrirá que Él camina fielmente a su lado por medio del tenebroso valle del sufrimiento. El Señor redimirá su dolor y lo utilizará para acercarlo más a Él.

Debemos adelantarnos a la manera de pensar *¿por qué?* y buscar la ayuda de Dios al pasar por el sufrimiento... y entonces estar listos para lo bueno que resulta de eso. El dolor puede purificar y humanizar el corazón. Si permanecemos receptivos a la presencia amorosa de Dios en nuestra vida, hasta una gran pérdida puede ser redentora y nos puede conducir a una compasión más profunda por otros. La gloria de Dios se puede revelar por medio de su fortaleza en nosotros durante todos esos sufrimientos. Nuestra fe se vuelve eternamente más firme hasta llegar a ser intrépida e inmutable. Y en esa posición firme de fe podemos extendernos para fortalecer a otros. Albert Schweitzer dijo en una ocasión que quienes tienen el récord del dolor no son realmente libres, porque tienen una deuda con quienes aun están sufriendo.

¡Redimida!

Me encanta la palabra *redentor,* y me gusta cómo Dios usa las luchas que enfrentamos para redimirnos y acercarnos más a Él. Hace poco yo conversaba con un talentoso director musical, a quien habían «echado» por ser homosexual, y como resultado había dimitido de su iglesia. Ahora ha organizado un nuevo coro con otros individuos que también fueron mal interpretados o los echaron de sus iglesias. Aunque fue doloroso que lo hubieran rechazado de su iglesia, él dijo que todo el proceso de organizar el nuevo coro para cantar alabanzas a Dios ha sido redentor para él y para estos otros jóvenes.

La experiencia está perfectamente expresada en las palabras del antiguo y querido himno de Fanny J. Crosby:

> *Comprado por sangre de Cristo,*
> *Con gozo al cielo yo voy.*
> *Librado por gracia infinita,*
> *Ya sé que su hijo yo soy.*

> *Soy libre de pena y culpa;*
> *Su gozo Él me hace sentir.*
> *Él llena de gracia mi alma;*
> *Con Él es tan dulce vivir.*

> *En Cristo yo siempre medito,*
> *Y nunca le puedo olvidar.*
> *Callar sus favores no quiero:*
> *A Cristo le voy a cantar.*

En las magníficas voces de estos jóvenes, que se levantan en amorosa admiración por Dios, la belleza se hace de algo que ha sido rechazado.

El quebranto produce integridad

Hace años leí un libro de Margaret Clarkson, *La gracia crece mejor en el invierno,* que tuvo gran influencia en mi vida. Así como la hermosa frase que me anima al instante en el himno de Fanny Crosby, «Él llena de gracia mi alma», el título del libro de la señora Clarkson me recuerda al instante que debo ver las bendiciones que suelen aparecer inesperadamente en cualquier experiencia dura y dolorosa que deba enfrentar. Ella denomina «cercas de Dios» a las dolorosas experiencias en que nos encontramos encerrados, y las describe de este modo:

> Para quienes creen en el amor y la sabiduría de un Dios soberano, para quienes ven su mano en todo lo que les inquieta, una vida cercada por Dios, aunque sea a través de algo aterrador o incluso terrible ... puede ser maravillosa. Puede ser una vida de gozo y libertad, de paz y alabanza, de acción de gracias y servicio.[8]

De muchas maneras he aprendido que aunque esté cercada por el sufrimiento y la tristeza, la verdadera belleza de mi vida sale a flote... como el sol cuando reaparece detrás de una nube negra.

Como alguien dijo:

> Dios no nos promete días sin dolor, risa sin pena, o sol sin lluvia. Sin embargo, sí nos promete fortaleza para el día, consuelo para las lágrimas, y luz para el camino.

Cuando dependemos de Dios para superar los tiempos difíciles, nuestra fe se fortalece hasta que se vuelve *inquebrantable.* Esa es otra palabra que me gusta, especialmente después de haber vivido varias décadas aquí en el estado de los terremotos, ¡California del Sur! Por eso también me gusta la proclama de Salmos 125.1: «Los que confían en Jehová son como el monte de Sion, que no se mueve, sino que permanece para siempre». En nuestros momentos difíciles podemos rendirnos en las manos de Aquel que nos llevará fielmente a través de ese tiempo de prueba. Quizás no veamos sentido en el misterio del sufrimiento, pero podemos participar activamente en el proceso de sanidad y confiar en la fuente suprema de amor y sabiduría.

En realidad podemos avanzar mucho más en la gracia en una hora de sufrimiento que libres de problemas en muchos días de bonanza. Recuerde que es necesario aplastar a las uvas para hacer el buen vino, y que se debe moler al trigo para hacer buen pan. El quebranto nos lleva de varias maneras a la realización. Corazones quebrantados, cuerpos quebrantados, sueños rotos... y luego, en medio de nuestro quebranto, nos sentimos presionados contra la presencia inquebrantable de Dios. Allí encontramos paz, fortaleza y valor para el próximo paso.

Si usted ha puesto su confianza en Jesucristo, puede enfrentar la calamidad y la crisis con esperanza. Puede hacer frente al cáncer con valor. En la presencia de Jesús encontrará su extraordinaria gracia para el próximo hálito de vida... y el siguiente día, y el siguiente. Mejor aún, Él *usará* su aflicción para algo bueno. Lo llevará a través de ella... en sanidad espiritual si no llega la sanidad física. En todo caso su fe será más firme, y usted sabrá que está redimido para siempre.

No ponga la mirada en los avisos de «disminuya la velocidad» que hay en la carretera

Una persona sabia dijo:

> Las desilusiones son como los avisos de disminuya la velocidad que hay en la carretera. Le hacen bajar la velocidad un poco, pero también le ayudan a apreciar de nuevo el suave camino que sigue.

¿No es así? Esto me recuerda mi incursión en el cáncer y mi llegada a la remisión. Al principio tenía incertidumbre, pero cuando dejé de enfocarme en los obstáculos y me fijé en el panorama total, la vida se volvió mucho más fácil. Del mismo modo, si usted ha conducido sobre una parte áspera de la autopista o en un camino lleno de baches, conoce el alivio que se siente cuando se conduce de nuevo sobre el suave pavimento. Si no hubiera sido por los baches, quizás nunca habría pensado en valorar lo agradable del paseo.

Mi vida ha seguido la misma clase de sendero. Después de pasar esos días eternos y difíciles en el hospital, salí e hice una pausa, respiré el aire fresco, disfruté el hermoso cielo azul y las melodías de los pájaros. Seguramente el cielo nunca fue más azul ni los cánticos de los pájaros fueron más dulces de lo que son cuando salimos de un largo período de confinamiento y apreciamos otra vez esta hermosa tierra que Dios nos ha dado.

Cuando hacía ese viaje a casa desde el hospital sentía como si hubiera dejado atrás una sección de baches en la carretera y ahora me deslizara sobre pavimento nuevo y liso. En ese punto el tumor aún estaba en mi cerebro y el cáncer aún amenazaba mi salud. Pero me habían dado una segunda oportunidad para disfrutar cualquier tiempo restante que Dios había decidido darme aquí. Desde entonces me ha dado varias «segundas oportunidades» adicionales, y cada vez recuerdo el adagio que dice:

> Nadie puede retroceder y tener un comienzo totalmente nuevo, ¡pero cualquiera puede comenzar *ahora* y lograr un final totalmente nuevo!

Deje descorrido el cerrojo de la puerta de malla

Bueno, sé que a veces nos sentimos tan decaídos que no creemos poder enfrentar otro nuevo día, ni subir al cuadrilátero para otro «asalto del dolor». Si se siente así, ¡hágalo! En medio del sufrimiento por las pérdidas de mis dos hijos y del distanciamiento de mi hijo homosexual, pasé *meses* encerrada en mi cuarto, contando las rosas en el papel tapiz. Pero finalmente llegó el momento de comprender que podía *escoger* ser feliz, sea que la felicidad ocurriera de modo espontáneo o no. Podía hacer que ocurriera.

Esa misma actitud me ha transportado desde entonces por los muchos altibajos de la montaña rusa de mi vida. Cuando los sufrimientos amenazan aplastarme, escojo a propósito otro camino: la senda divina del amor, el gozo y la gracia sin límites.

En medio de épocas dolorosas es muy fácil anhelar retraerse, cerrar la puerta y desconectar el teléfono. Pero eso no se debe hacer... por muchas razones. Al ahuyentar a otros dejamos que nos consuma el problema. También fallamos en compartir las bendiciones que pueden llegar, a *ellos* y a *nosotros*, cuando Dios obra en nuestra vida.

Un estudio del Instituto Médico Harvard descubrió cuatro atributos vitales para «envejecer con éxito». (Desde mi punto de vista «envejecer con éxito» significa sobrevivir.) Para superar cualquier problema que esté enfrentando, aférrese de la mano del Salvador y luche por desarrollar en su vida estos cuatro atributos enfocados en lo externo:

- Orientación hacia el futuro. Capacidad de anticipar, planear y tener esperanza.

- Gratitud, perdón y optimismo. Debemos ver medio lleno el vaso, no medio vacío.

- Empatía. Habilidad de imaginar el mundo como le parece a la otra persona.

- La capacidad de extenderse. El doctor George E. Vaillant, director del estudio de Harvard, dice: «Debemos querer hacer cosas *con* personas, no hacer cosas *para* personas ni pensar que ellas hagan cosas para nosotros. En otras palabras, debemos dejar descorrido el pestillo de la puerta de malla».[9]

Extiéndase. Viva con una actitud de agradecimiento. Comparta su vida con los demás. Jesús nos instruye a invitar a otros a compartir nuestra manera cristiana de vivir, así como Él nos invita a compartir la suya. Hace poco vi un artículo sobre el modo en que Billy Graham ha hecho esta invitación a muchos miles en todo el mundo. El artículo informaba acerca de la cruzada del doctor Graham el año pasado en Louisville.

El periódico comunicaba que aunque lenta por la enfermedad y la vejez, la voz de Billy Graham era aún fuerte y su mensaje aún conmovía el alma, enfocándose como a menudo lo hace en sus «temas perennes de perdón, amor y unidad». Luego Billy ofreció la invitación a ese estadio lleno de oyentes: «Quizás nunca más tengas esta oportunidad. Este es un momento glorioso que tal vez no vuelva a ocurrir en Louisville. Ven. No importa cuán distante estés. Te estamos esperando. Ven. Ven».

Y llegaron diez mil setecientos.

Unas semanas después la periodista volvió a visitar a tres de esos miles para ver lo que les había sucedido. He aquí lo que descubrió:

Ahora sus vidas parecen distintas, no en maneras dramáticamente públicas sino de modo inexorable, como un pequeño viraje de navegación desvía a un cohete hacia una nueva galaxia.[10]

Eso es lo que el llamado de Dios puede hacer; desviarnos hacia un horizonte distinto, a un final diferente: el cielo. Muchas veces he oído su voz restauradora de vida llamándome a que vuelva a Él cuando las tormentas y desafíos de la vida han amenazado con sacarme de curso. En los tiempos siniestros ha persistido la invitación de Dios: «No me importa cuán distante estés... Ven. Ven».

¿Vendrá usted también?

Momentos de regocijo en el montón de estiércol

Palabras sabias de Buck O'Neil:
    Abraza a cuantos puedas.
    Saca la amargura de tu corazón.
    Canta un poco cada día.
    Di a las personas que las amas.
    Escucha a los ancianos sus historias. Estas te podrían
        enseñar algo.
    Recibe a los viejos amigos.
    Sé siempre puntual.
    Toma las manos de quienes están a tu lado.
        Así no se podrán ir.
        Ni tampoco podrás irte.[11]

La vida es demasiado valiosa para ser quisquilloso,
Demasiado breve para estar amargado,
Demasiado hermosa para estar aburrido,
Y demasiado maravillosa para desperdiciarla.
—William Arthur Ward

> Bueno, los médicos tenían razón... dijeron que yo saldría del hospital en un par de semanas.

El cielo no es solamente castillos en el aire.
¡Se trata de afrontar aquí la realidad mientras esperas!

La oración perfecta para aquellos de nosotros que somos propensos a la fiebre aftosa:

«Querido Señor, mantén tu brazo alrededor de mi hombro... ¡y tu mano sobre mi boca!»

Una exasperada madre cuyo hijo siempre andaba haciendo travesuras se salió finalmente de sus casillas.

«Tommy», dijo un día, echando chispas, «¿cómo esperas entrar al cielo si actúas de esa manera?»

«Bueno, simplemente correré de un lado al otro y me la pasaré dando portazos hasta que San Pedro diga: "Por el amor de Dios, Tommy, entra o quédate afuera"».

Le pedí agua a Dios y me dio un océano.
Le pedí una flor a Dios y me dio un jardín.
Le pedí un árbol a Dios y me dio un bosque.
Le pedí un amigo a Dios y me dio a ti.[12]

Si yo supiera que esta sería la última vez vería cuando te durmieras, te agarraría más fuertemente, y le agradecería al Señor por tu preciosa vida. Mientras tanto velaría tu sueño.

Si yo supiera que esta sería la última vez te vería salir por la puerta, te daría un beso y un abrazo y te pediría que te quedaras una vez más.

Si yo supiera que esta sería la última vez oiría tu voz, apagaría el televisor, podría a un lado el periódico y te daría toda mi atención. Recordaría el sonido de tu voz y el brillo de tus ojos.

Si yo supiera que esta sería la última vez te oiría cantar, cantaría contigo y te pediría que lo hicieras una vez más.

Si yo supiera que esta sería la última vez estaría contigo, quisiera que todo momento contara. No me preocuparía de los platos, el jardín, o ni siquiera de las cuentas. Si supiera que esta sería la última vez querría estar contigo todo el tiempo.

Si yo supiera que esta sería la última vez que estuviéramos juntos, querría hacerte feliz. Prepararía tu comida favorita, jugaría tu juego favorito. Me tomaría el día libre solo para estar contigo. No me preocuparía mucho de recoger juguetes y de tender la cama. Te recordaría cuán importante eres para mí. Te diría cuánto quiero que vayas al cielo. Te diría que no te asustes, sino que seas fuerte. Te diría que te amo, y riendo rememoraríamos nuestros recuerdos favoritos.

Si yo supiera que esta sería la última vez pasaríamos tiempo juntos, leería la Biblia contigo y haría una oración a Dios. Agradecería al Señor por unirnos y por tener un cuidado tan especial de nosotros.

Si yo supiera que esta sería la última vez que estaríamos juntos, yo lloraría porque quisiera pasar más tiempo contigo.

Si yo supiera que esta sería la última vez...

Simplemente no sé cuándo será ese tiempo. Ayúdame, Señor, a mostrar mi amor a todas las personas que han tocado mi vida. Esta podría ser la última vez que estemos juntos.[13]

Primera regla de supervivencia:
La vida no es justa. Acostúmbrate a ella.

La preocupación pide prestado. Es una enfermedad del futuro. Pide prestado al mañana el problema desconocido. Quien se angustia pierde el hermoso espíritu de esperanza, porque la angustia pinta una imagen sombría, espantosa y atroz del futuro.[14]

Mejor y más agradable que la salud, las amistades, el dinero, la fama, la tranquilidad o la prosperidad es la adorable voluntad de nuestro Dios. Ella dora con un halo divino las horas más oscuras y derrama los más brillantes rayos de sol sobre los senderos más lúgubres. Puedo asegurarte ... que esta adorable voluntad de Dios te parecerá el lugar más feliz al que jamás hayas entrado.[15]

Los que decís: Hoy y mañana iremos a tal ciudad, y estaremos allá un año, y traficaremos, y ganaremos; cuando no sabéis lo que será mañana. Porque ¿qué es vuestra vida? Ciertamente es neblina que se aparece por un poco de tiempo, y luego se desvanece (Santiago 4.13-14).¡Vamos ahora!

Reconocimientos

Muchas gracias a todos los amigos que me enviaron chistes, caricaturas y poemas cuando me estaba recuperando del cáncer. Docenas de estos divertidísimos artículos se han puesto en este libro, para ser compartidos con miles de personas. Gracias también a los escritores de cartas animadoras y correos electrónicos que me llegaron cuando estaba convaleciente; muchos de esos mensajes inspiradores también se incluyen aquí... con el permiso de los escritores cuando pudimos contactarnos con ellos.

También estoy muy agradecida con los artistas que compartieron su ingenio en las docenas de caricaturas y tiras cómicas que salpican estas páginas. Noel Ford, del Reino Unido, fue particularmente amable cuando, en lugar de recibir derechos de reimpresión, pidió que su pago se donara al «Fondo de Ayuda para Desastres», de la Cruz Roja.

Finalmente, agradezco por todas las oraciones a mi favor durante el último año. A veces, entre el apoyo de todos los amigos y asistentes a Mujeres de Fe en la nación, me siento como si estuviera descansando en una gigantesca almohada de amor llena de oraciones. Gracias queridos amigos, por su amor y su alegría. Estos dos siguen siendo tesoros invaluables para mí.

Notas

Capítulo 1: No sé cuál es el problema... pero seguramente es difícil de pronunciar

1. Bern Williams, citado en Selecciones del Reader's Digest, mayo del 2000, p. 73.

2. Max Lucado, Como Jesús, citado en Gracia para todo momento, Betania, un sello de Editorial Caribe, Miami, Fl., Nashville, TN., 2001, p.19.

3. Parafraseado de Ron Gilbert, Ph.D., comp., More of the Best of Bits & Pieces, Economics Press, Fairfield, N.J., 1997, p. 93.

4. Diane Crosby, citado en Lowell D. Streiker, El gran libro Nelson de la risa, Thomas Nelson, Nashville, 2000, p. 265.

5. Los proverbios del tío Duey, libro 2, Tract Evangelistic Crusade, n.d., Apache Junction, Arizona, p. 5.

6. Arthur F. Lenehan, comp., Best of Bits & Pieces, Economics Press, Fairfield, N.J., 1994.

7. Max Lucado, Cuando Dios susurra tu nombre, Editorial Caribe, Miami, Fl., Nashville, Tn, 1995.

Capítulo 2: Cómo tener un tumor... con humor

1. Este poema fue incluido en el libro de la señora Howard Taylor, El triunfo de John y Betty Stam, publicado en 1935 por China Inland Mission y vuelto a reimprimirse en 1982 como John y Betty Stam: Una historia de Triunfo, por Overseas Missionary Fellowship, y se reimprime aquí con permiso de OMF International. La nota de

pie de página correspondiente al poema dice: «Este poema ...se relaciona con la noble firmeza del Rev. J.W. Vinson, martirizado en el norte de China, y fue escrito por otro misionero en China, el Rev. E.H. Hamilton. Este poema significa mucho para John [Stam]. Lo recibió del doctor C.E. Scott».

2. E.K. Bailey, citado en «Ahora me oirán predicar con mi vida», de Berta Delgado, Dallas Morning News, 17 de agosto del 2001, p. 1.

3. Ron Gilbert, Ph.D., ed., Bits & Pieces on HOPE, Economics Press, N.D.,Fairfield, N.J., p. 6.

Capítulo 3: Esto sería divertido si no me sucediera a mí

1. Sylvia Wood, «Quimioterapia: No es tan mala como se cree», Albany Times Union, citado en el Tampa Tribune, 15 de abril del 2001, Baylife p. 7.

2. Josué 1.9.

3. Marcos 16.17-18.

4. Para información acerca de la insignia de la Asociación Estadounidense del Tumor Cerebral, visite el sitio Web: www.abta.org o escriba a ABTA, 2720 River Road, Suite 146, Des Plaines, IL 60018.

5. El doctor David Jeremiah narra esta historia en una cinta de audio, «La curva en el camino, Escrituras seleccionadas», casete BIR01, de su programa radial Turning Point. En la cinta describe su propia lucha con el cáncer, y sus perspectivas me han animado de modo fabuloso. Bill y yo hemos escuchado esa cinta hasta casi gastarla. Usted puede pedir una copia por $6 dólares más gastos de envío, llamando a Turning Point al 800-947-1993.

6. William C. Poole, «Justo cuando más lo necesito», 1936.

7. Dave Weinbaum, citado en Selecciones del Reader's Digest, febrero del 2000, p. 69.

8. Fuente original desconocida.

9. Fuente desconocida.

10. Adaptado de Harold Ivan Smith, Dolor decembrino, Beacon Hill Press, Kansas City, 1999, p. 104.

11. Jewel, citado en Selecciones del Reader's Digest, mayo 2001, p. 73.

12. Charlie «T». Jones & Bob Phillips, Wit & Wisdom, Harvest House, Eugene, Oreg., 1977, p. 109.
13. *Ibid.*
14. Bits & Pieces, 15 de julio de 1999, p. 11.

Capítulo 4: Me reiré de esto si no me mata

1. Ray Healey, hijo, «Toma dos chistes y llámame en la mañana», Strong Investor, n.d., pp. 8-9.
2. *Ibid.*
3. Lindsey Tanner, «Investigadores examinan la teoría de que el humor reduce el dolor», historia de la Prensa Asociada publicada en el Wichita Eagle, 2 de septiembre de 2000.
4. Walt Duke, «Bob Dole a Bush: Mantén la risa», Boletín AARP, junio 2001, p. 2.
5. Véanse Salmos 30.11 y 45.7; 2 Corintios 7.4; Juan 16.24; y Nehemías 8.10.
6. Cynthia Kling, «¡O para gozar!», revista O, mayo 2001, p. 104.
7. Estudio del investigador Martin Seligman de la Universidad de Pennsylvania, citado por Claudia Smith Brinson, columnista de El Estado en Columbia, S.C., reimpreso en el Tampa Tribune, 24 de junio del 2001.
8. Juan 15.12.
9. Juan 15.11.
10. Frank T. Griswold, «Tal vez nos sorprenda el gozo de esta Cuaresma», Vida episcopal, marzo 2001, p. 19.
11. Véase Juan 1.43-46.
12. Emilie Barnes, Mi copa rebosa con el consuelo del amor de Dios, Harvest House, Eugene, Oreg., 1998, pp. 30-31.
13. Joyce Landorf, De lunes a sábado, Waco, Tex., Word, 1984, pp. 28-29.
14. Jeremías 17.8.
15. Juan 6.68, énfasis añadido.
16. Joni Eareckson Tada, citado en el libro de Ingrid Trobisch con Marlee Alex, Keeper of the Springs, Multnomah, Sister, Oreg., 1997.

17. Véase 2 Corintios 12.
18. Jill Scott, citado en la revista O, mayo 2001, p. 213.
19. Joseph Bamby, «Cuando la mañana dora los cielos», 1868.
20. Valerie Monroe, «Cuando usted sonríe...», revista O, mayo 2001, pp. 183-4.
21. Pam Costain, «Es un don compartir con mi madre su proceso de envejecimiento», Minneapolis Star-Tribune, 13 de mayo del 2001.
22. Henri J.M. Nouwen, citado en la revista O, mayo del 2001, p. 51.
23. «Sobreviviente conserva la vida después de dura prueba», South Florida Sun-Sentinel, reimpreso en el St. Petersburg Times, 14 de agosto del 2001, p. 3B.
24. Hannah Whitall Smith, El secreto cristiano de una vida feliz, Boston, G.K. Hall, 1973, pp. 316, 325-6.
25. Adaptado de Lowell D. Streiker, Una enciclopedia de humor, Hendrickson Publishers, Peabody, Mass., 1998, p. 241.
26. Ibid., 237.

Capítulo 5: Déme ambigüedad... o algo más

1. Véase Mateo 27.32.
2. Véanse 1 Corintios 10.31; Colosenses 3.17,23.
3. Proverbios 16.3.
4. Jueces 6.14.
5. Jueces 6.15.
6. Jueces 6.14,16.
7. Véase Filipenses 2.2-4.
8. Filipenses 2.5,7, énfasis añadido.
9. «Los secretos de una vida bien llevada: Ilumine su camino», Selecciones del Reader's Digest, abril del 2000, pp. 99-100.
10. Ruth Bell Graham, Las huellas de un peregrino, W Publishing Group, Nashville, 2001, pp. 48-49.
11. Ernest Hooper, «Algunas causas dignas de considerar», St. Petersburg Times, 5 de septiembre del 2001, p. B1.
12. Landorf, De lunes a sábado, p. 43.

Notas

13. Véase Mateo 6.3-4.

14. Mateo 25.21, énfasis añadido.

15. Richard Gillard, «Cántico de siervo», ® 1977 Scripture in Song, una división de Integrity Music, Inc. Reimpreso con permiso.

16. Nehemías 6.3.

17. Carta de Anne Ezal en la columna «Insinuaciones de Eloísa», Dallas Morning News, 16 de agosto del 2001,.

18. Poema seleccionado, usado con permiso de su autora, Tammy Mercy.

19. Fuente desconocida.

20. Fuente original desconocida, adaptado de «Las personas más importantes en su vida», Family Circle, 1 de noviembre del 2000, p. 5.

21. Pautas de vida, 25 de noviembre de 1993.

22. Stephanie J. Patterson, Ah, to Be a Child Again!, Grossmont Press, n.d., San Diego,

23. *Ibid.*

24. Proverbio japonés citado en Selecciones del Reader's Digest, marzo del 2000.

25. Streiker, Una enciclopedia del humor, p. 159.

26. Kris Kristofferson, citado por Tad Bartimus, «Promesas del corazón», Kansas City Star, 18 de febrero del 2001.

27. Fred Rogers, citado en Judith S. Gillies, «Qué es importante para el señor Rogers», un artículo del Washington Post reimpreso en el South Bend (Ind) Tribune, 26 de agosto del 2001, p. E1.

28. Oprah Winfrey, citado en Gilbert, More of the Best of Bits & Pieces, p. 75.

29. Gilbert, More of the Best of Bits & Pieces, p. 75.

30. Sir Philip Gibbs, citado en Una sonrisa incrementa el valor de su rostro, Great Quotations, n.d., Lombard, Ill., p. 12.

Capítulo 6: Sencillamente piense: Si no fuera por el matrimonio, los hombres irían por la vida creyendo que no tienen faltas en lo absoluto

1. Vince Passaro, «Tan bueno como se consigue», una revisión del libro de Iris Krasnow, Los alrededores del matrimonio: esposos,

esposas, y otras imperfecciones, en la revista O, mayo del 2001, p. 161.

2. *Ibid*.

3. Isaías 1.18.

4. 1 Juan 1.9.

5. Bill Tammeus, periodista del Kansas City Star, reimpreso en el Tampa Tribune, 4 de marzo del 2001, p. 5.

6. Proverbios 28.13.

7. Sylvester Stallone, citado en la revista Parade, 22 de abril del 2001, p. 5.

8. Betty Schreyer y Kate Kelly, citadas en «Recetas de vida», por Jant K. Keeler, St. Petersburg Times, 9 mayo del 2001, p. D1.

9. Mark Wolf, «Lenguaje de señales», un estudio del libro de John Gottman, La sanidad relacional, en el Rocky Mountain News, 7 de julio del 2001, p. 2F.

10. St. Petersburg Times, 29 de noviembre del 2000.

11. Esta historia es de Lucas 1.6-25; 57-64. Las citas y referencias usadas aquí son de El Mensaje.

12. Presentado por Donna J. Lambert; fuente original desconocida.

13. Jay Trachman, citado en Selecciones del Reader's Digest, junio del 2000, p. 129.

14. Usado con permiso de Ken Rappleye.

15. Comentarios de tres mujeres magas, adaptados de www.pastornet.net.

Capítulo 7: Al final todo está bien. Si no está bien, ¡entonces no es el final!

1. Véase Juan 9.1-3.

2. Pedro 2.21.

3. Isaías 9.6.

4. Raymond McCaffrey, «Un círculo de meditación», Washington Post, 23 de junio del 2001, p. B9.

5. David Jeremiah, Una curva en el camino, Word, Nashville, 2000, p. 14.

6. Esther K. Rusthoi, «Cuando veamos a Cristo», ® 1941 por Singspiration.

7. Marcos 14.36.

8. Margaret Clarkson, La gracia crece mejor en el invierno, Zondervan, Grand Rapids, 1972, p. 15.

9. Lou Ann Walker, «Podemos controlar el envejecimiento», revista Parade, 16 de septiembre del 2001, p. 4.

10. Cathy Lynn Grossman, «Alabanza para el cruzado», USA Today, 15 de agosto del 2001, p. D1-2.

11. Buck O'Neil, citado por Joe Posnanski, «Festeja la vida todo el año», sección de foro en el Kansas City Star, recorte de prensa sin fecha.

12. Fuente desconocida.

13. Fuente original desconocida; adaptado por Roger Shouse y usado con su permiso.

14. Joyce Landorf, La fragancia de la belleza, Victor Books, Wheaton, Ill., 1979, p. 49.

15. Smith, El secreto cristiano de una vida feliz, p. 61.

Otros títulos por Bárbara Johnson

BÁRBARA JOHNSON
CUANDO SE VIVE ENTRE EL ESTRÓGENO Y LA MUERTE

BÁRBARA JOHNSON
Autora del conocido *Salpícame de gozo*
LO QUE TÚ PUEDES HACER CUANDO LA VIDA SE DESMORONA
¡Guarda Tus Tristezas en una Caja Grande, siéntate encima y ríe!

BÁRBARA JOHNSON
AUTORA DEL ÉXITO DE LIBRERÍA SALPÍCAME DE GOZO
Cómo usar el humor para aplastar el dolor
MAMÁ, ¡BUSCA EL MARTILLO!
¡Hay una mosca en la cabeza de papá!

BÁRBARA JOHNSON
Autora del éxito de librería *Salpícame de gozo*
¡QUÉ BUENO QUE ME DIJISTE lo que no quería oír!

BARBARA JOHNSON
CUANDO SUENE LA TROMPETA SUBIRÉ COMO UN COMETA

BÁRBARA JOHNSON
Salpícame de Gozo en los pozos ciegos de la vida

CARIBE BETANIA EDITORES

www.caribebetania.com